JN438688

익어간다는 것은

익어간다는 것은

이금영 수필집

수필과비평사

작가의 말

여명이 밝아옵니다. 주황의 하늘빛이 고와서 몸을 일으켜 완산공원 매화봉을 오릅니다. 아침해를 바라보며 환희의 하루를 맞이합니다.

첫 번째 수필집을 내고 일곱 해가 지났습니다. 글쓰기는 해를 거듭할수록 더 어렵기만 합니다. 그간 나빠진 건강을 챙기느라 책을 읽고 글을 쓰는 일에 소홀할 수밖에 없었습니다. 책 한 페이지 읽을 시간이면 둑길에 나가 걸음을 걸어야 하는 내 생활이 서글프기까지 했습니다.

그래도 짬짬이 틈을 내 문우들이 보내준 수필집을 읽으며 한 편씩이라도 수필을 써내는 자신이 기특했습니다. 동인지에 발표할 수 있을 만큼 수필을 쓸 수 있어 행복했고 그런 글을 모아 두 번째 수필집 《익어간다는 것은》을 내게 되었습니다.

건강에 문제가 있어 많은 활동을 접었지만 문학에 대한 열정만큼은 내려놓지 않으려 애를 썼습니다. 문학은 외로운 나에게 벗이 되어 주었고 힘겹게 쓴 글들은 부족한 대로 내가 살아 있다는 증거가 되어 주었습니다.

밤하늘의 무수한 별들 중에서 내 별 하나를 찾아내어 가슴에 품고 싶었습니다. 독자 한 분이라도 어쭙잖은 내 글을 읽고 희망을 간직하고, 내일을 꿈꾸며 건강도 좋아지는 작은 위로가 되었으면 좋겠습니다.

하느님은 힘들어하는 나에게 손 내밀어 주시며 같이 걸어가자고 용기와 희망을 주셨습니다. 하느님 안에서 기적으로 다시 삶을 찾은 것처럼, 이제 기적처럼 문학의 숲에서 사부작사부작 걷고 싶습니다.

미흡한 저의 수필을 읽어주실 독자님들께 머리 숙여 감사드립니다. 도움을 주신 모든 분들께 감사드리며, 손녀 시원이와 손자 민호에게 귀한 선물이 되었으면 좋겠습니다. 사랑합니다.

2021년 가을에

이 금 영

차례

1부
풍경을 만나다

2부
밥 잘하는 남자

3부
지금 이 순간

4부
그날도 오늘처럼 바람이 불었다

5부
우아하게 나이 먹기

구름이 머물다 간 자리. 수채화(10P. 53.0×40.9 cm)
삼천변의 노을. 수채화(8M. 45.5×27.3cm)
해바라기 동산. 수채화(10M. 53.0 ×33.4cm)

1부
풍경을 만나다

어디선가 청명한 소리가 들렸다. 추녀 끝 풍경 아래서 물고기가 바람에 나부끼고 있었다. 풍경 소리를 들으면 누군가 그리워지고 지금 내가 어디쯤 서 있나 돌아봐진다.

바람의 색

나의 건강 지킴이로 속마음까지 다 받아주는 삼천천 둑길로 나간다. 오늘은 어떤 사연을 풀어 놓을까. 풀들도 깊은 땅속에서 봄바람이 불고 있다는 것을 알아차린 걸까. 뾰족하게 내민 잎들이 앙증스럽다. 푸석한 풀섶에서 봄이 언제 올라와 동행해줄까 싶었는데 보라색 봄까치꽃이 눈에 띈다. 이른 아침 창가에서 맑은 소리로 울어주는 까치를 본다. 까치가 울어대면 왠지 기쁜 소식이 올 것 같아 종일 기분 좋은 하루를 보낸다. 연보랏빛 꽃잎 가운데에 불쑥 올라온 수술 끝 씨앗 같은 까만 눈동자가 깜찍하다. 올봄엔 왠지 더 건강하고 아름다운 날들로 이어질 것 같다.

천변을 터전으로 살아가는 생명들. 키 큰 벚나무는 벚나무대로, 덤불 속에 가려진 노란색 작은 꽃은 꽃대로 봄을 마중하는 모든 생명에게 공평하게 내려주는 햇빛과 조우하고 있다. 따듯한 봄바람의 색은 어떤 색일까?

봄인가 싶더니 여름이다. 개망초꽃이 산책길 따라 키를 견주며 피어난다. 개망초는 내가 좋아하는 꽃이다. 별처럼 예쁜 꽃 이름이 개망초라니. 개망초라 하지 않고 별꽃이라 부르고 싶다. 별꽃이 지기 전에 부지런히 찾아오겠노라고 망초와 약속했다. 그런데 며칠 후 다시 찾은 둑길. 상큼한 풀냄새는 좋았지만 별꽃이 베어진 채 말라 있다. 여름 풀베기 작업을 한 모양이다. 마른 별꽃 더미를 바라보다 베인 자리에 곧 새순이 올라올 거라는 기대감으로 생각을 전환시키고 아쉬움을 달랬다.

화사한 봄꽃이 지나간 자리에 노란 금계국이 자리를 폈다. 바라만 봐도 황홀하다. 둑길 아래는 모를 심은 논이 연두로 피어나고 있다. 연둣빛 논 자락은 초록의 물결이 넘실댄다. 엊그제 내린 비로 징검다리가 물에 잠기고 콸콸 물 흐르는 소리에 마음까지 시원하다. 가뭄에 단비가 조금 내렸나 싶었는데 물이 제법 흐른다. 가끔 내리던 비는 장마로 이어지고 있다. 간밤의 폭우로 삼천천의 안전이 궁금했다. 예상대로 누런 흙탕물이 거대한 강이 되어 인도를 잠식하고 무섭게 흐르고 있었다. 점차 수위가 낮아지며 평온을 찾았다. 둑길을 걷다가 미나리꽝 농로로 들어섰다. 비 개인 대지에 어둠이 짙어지는가 했는데 저녁노을이 예사롭지 않다. 붉은 저녁노을과 어스름 열사흘 달이 중천에 아슴하게 떠있는 풍경. 아! 이슬 내리는 여름밤이 이토록 낭만적일 줄이야….

붉게 물든 가로수 잎들이 바람에 날리고 선선한 기운이 천지를 감싼다. 은빛 억새꽃이 넘실대는 물가에 때 이른 철새들이 찾아와 노닐고 있다. 청둥오리의 무리 속에 흰 왜가리 한 쌍이 두리번거린다. 물오리는 떼를 지어 노는데 백로는 한두 마리가 외발로 서서 갈색 옷을 입은 청둥오리를 이방인인 양 갸웃하며 바라보고 있다. 둑 아래 들녘은 네모반듯한 밑그림에 노랗게 색칠된 벼들이 결실을 자랑하며 수채화를 완성시키고 있다.

메마른 추위가 지속되던 지난겨울 어느 날, 성숙한 계절이 지나간 하늘가에 아침부터 눈이 폴폴 날렸다. 먼 산을 바라보면 금세 그칠 것 같은데 눈이 귀한 손님이 되어 희뿌옇게 내렸다. 눈이 계속 내리면 설국을 만나려고 삼천천 둑길로 향한다. 눈 오는 날 탁 트인 둑길을 걸으며 만나는 풍경은 겨울왕국이다. 둑과 하천의 경계가 사라지고 광활한 대지로 펼쳐진다. 시야가 탁 트인 미나리꽝의 설경은 그야말로 한 폭의 동양화다. 항상 걷던 길이 아닌 또 다른 세상이다. 기찻길 같은 둑길에서 마음의 레일을 따라 설국을 끝없이 걸으면 좋으련만 눈은 그치고 햇빛이 내려왔다. 되돌아오는 길은 바람이 몹시 차가웠다. 어느 시인의 말처럼 앞만 보고 걸을 땐 보이지 않았던 것이 되돌아올 땐 자세히 보였다. 휘어진 갈대에 앉은 눈꽃이 목화꽃처럼 아름다웠다.

봄이 꿈틀거리는 겨울 끝자락, 바람은 색깔을 바꿔가며 쌩쌩 불었다. 나는 하루분의 운동량을 둑길에서 마쳤다. 삼천 둑길은 오르막길이 없고 평평하고 반듯해서 심장이 좋지 않은 나에겐 안성맞춤. 나는 이 길을 사랑할 수밖에 없다. 가슴이 뻥 뚫리는 이 길을 걸으며 사계절을 노래하리라.

애기똥풀꽃

파란 하늘 아래 연둣빛 햇살 눈이 부시다. 애기똥풀꽃이 해맑게 웃으며 반갑다고 손짓하고 있다. 저녁이면 잎을 다물고 아침이 되면 이슬로 세수한 샛노란 얼굴로 활짝 웃는다.

저만치에서 나를 알아보는 것 같아 가까이 다가가기 위해 발걸음이 바빠진다. 완산공원 가는 길, 천사나라유치원 옆 언덕배기에 지천으로 피어 있는 노란 꽃잎들 어여뻐라! 얼마나 예쁘면 이름도 애기똥풀일까. 내가 애기똥풀꽃에 홀딱 반한 것은 마음이 끝없이 우울할 때였다. 우울함을 달래기 위해 혼자서 동네 옆 산기슭을 걸었다. 느린 걸음을 옮기는데 언덕배기에서 만발한 샛노란 풀꽃이 마음으로 들어왔다. 척박한 돌무더기에서도 반짝이는 연두색 이파리와 노란 꽃들이 우울한 마음을 미소 짓게 하였다. 몇 줄기씩 올라온 가녀린 가지에 방울방울 매달린 꽃송이들. 그것들을 만나기 위해 아침을 먹고 나면 찾아가곤 하였다.

아기는 엄마가 웃으면 아무것도 모르고 따라 웃는다. 엄마가 웃지 않으면 아기도 웃지 않는다. 그래서 엄마들은 속상한 일이 있어도 아기 얼굴을 대할 땐 웃으려고 애를 쓴다. 애기똥풀꽃도 흐린 날씨나 비가 오는 날은 웃지 않고 꽃잎을 다물어버린다. 엄마처럼 밝은 표정의 햇빛을 보아야 방실방실 웃는다. 네 개의 꽃잎으로 이루어진 애기똥풀꽃은 해님과 광합성을 이루어야 꽃잎이 열리고 제 할 일을 하는 꽃이다. 식물들은 줄기에 뽀얀 액체를 간직하고 있다. 애기똥풀도 가지가 많이 달린 줄기가 있다. 한번 잘라보면 노란 액체가 흐른다. 그 액체가 아기 똥 같다 해서 애기똥풀꽃이다. 애기똥풀꽃 사진을 찍어 가족 카톡방에 올렸다.

"우리 아기 똥도 이렇게 이쁘지?"

"네 어머니. 아기가 똥을 잘 쌀 때 특히 더 이뻐요."

아기가 사랑스럽고 예쁘니 똥인들 예쁘지 않겠는가. 부모는 아무리 힘들어도 참고 희생하며 자식들을 키워낸다. 애기똥풀의 꽃말은 '몰래 주는 사랑'이다. 엄마의 지극한 사랑의 어원이겠지 싶다. 아기들은 존재 자체가 축복이다. 아기를 보는 순간 모두가 웃는다. 하늘은 어른들에게 어린아이를 보살피고 돌보라는 사명을 부여하였다. 아기는 보살핌과 보호를 받고 존중받아야 한다. 존중받으며 자란 아이라야 상대방을 존중하는 사람이 될 것이다. 유아교육은 단지 개인적인 일이 아니라 사회의 책임이다. 아프리카에는 '한 아이를 길러내는 데는 온 마을 전체가 필요하다.'라는 속담이 있다. 아기를 키우는 일은 마을뿐만 아니라 이 사회가 국가와 함께 책임을 져야 한다. 다 같이 협력하여 평화로운 사회를 만들고 그곳에서 안심하고 아기를 낳아 건강하게 키울 수 있는 좋은 나라가 되면 좋겠다. 가정이 행복해야 건강한 사회가 이루어지고 사랑이 강물처럼 흐르는 복지국가가 되리라.

애기똥풀꽃의 꽃말 '몰래 주는 사랑'이 서로 '알게 주는 사랑'이 되어 가정과 사회 저변에 확대되었으면 좋겠다. 아무리 원대한 꿈이 있다 하여도 존재의 가치나 사랑이 없다면 아무 소용없으리라. 사랑과 관심으로 나, 너, 우리가 함께 공동체 안에서 살아야 한다.

노랗게 흔들리는 꽃들을 보면 아기들의 웃는 얼굴 같다. 얼마 전 다녀간 손주들 같다. 그래서 더 애정이 가고 귀하게 여겨진다. 내가 좋아하는 애기똥풀꽃은 사랑과 애정으로 내 안에서 피고 또 필 것이다.

행운목

새싹 같은 촉 하나 삐죽이 내밀었다. 밤새 소리 없이 몸을 열어 잎을 올린 행운목. 결혼하여 죽 시골에서 살다가 도시로 이사 오면서 아파트 생활을 시작했다. 전원적인 시골과 달리 아파트는 가구와 가전제품 커튼 정도가 집 안의 풍경이다.

책상 위에 책만 꽂힌 게 삭막해서 나무토막 같은 작은 행운목을 수반에 담아 아들 방에 놓았다. 책들도 생기 있어 보이고 아들도 좋아했다. 그때 아들 나이 열 살. 해가 거듭될수록 행운목은 살이 쪘다. 그때마다 수반을 바꿔주고 목이 마르지 않게 물을 채워주었다. 몇 년 지나 이사할 때도 가족처럼 소중히 데려왔다. 그리고 집 평수가 넓어짐에 따라 행운목의 몸피도 넓어져 문갑 위에 두었다. 물을 잘 갈아주어서인지 잔뿌리가 무성하게 뻗었다. 더는 수반에 두기에 무리일 것 같았다. 2세들에게 자양분을 내주었던 모태 행운목은 삭정이가 되어 떼어버리는 분갈이를 했다. 몸살을 앓을까 걱정했는데 별 탈 없이 잘 견뎌주었다.

이제는 문갑에서 내려와 문갑 오른쪽 방바닥에 정좌하고 있다. 밖에서 들어올 때 신발을 벗고 현관에 들어서면 정면으로 눈이 탁 마주치는 위치다. 넓죽한 이파리가 반짝반짝 건강미가 넘쳐난다. 그동안 난을 기르다가 여러 번 실패를 했다. 우리 집으로 입주한 난은 두 해를 버티기가 힘들었다. 그런데 행운목은 있는 듯 없는 듯 묵묵히 제 일을 했다. 가끔 게으름을 부려도 원망하지 않고 갈증을 속으로 삭였다. 꽃도 피우지 않고 투정도 하지 않으니 감정이 없는 식물인 듯싶었다. 장성한 아이들 하나둘 떠나보내면서 허전해 하는 내 마음을 안다는 듯 넙죽한 초록 이파리를 진하게 반짝였다.

집이 낡아 리모델링을 하는 3주가량 행운목은 아파트 계단으로 쫓겨나는 신세가 되었다. 먼지를 뒤집어쓰고 있어서 미안하기 그지없었다. 어서 공사가 마무리되기를 바라면서 열심히 물만 주었다. 행운목은 물을 좋아한다. 그렇게 화분에서 몇 년을 잘 자랐다. 내가 건강이 나빠지면서 커다란 집에 홀로 있는 날이 많았다. 티브이도 위로가 되지 못하고 잔잔한 음악도 소음이 되어 괴로워할 때 묵묵히 내 곁을 지켜준 것은 행운목이었다.

이삿짐을 정돈할 때도 눈치를 채지 못했다. 여름이 막바지에 다다른 유월 어느 날, "어! 행운목에 꽃대가 올라오네!" 남편이 큰 소리로 외쳤다. "진짜! 어디 봅시다." 정말 신기하게도 뿌연 꽃대가 힘차게 올라오고 있었다. 가슴이 설레며 마구 뛰었다. 이럴 수가! 고맙고 감격스러운 마음을 어떻게 표현할 수가 없었다. 서른 살 나이 든 자식의 성인식을 치르는 기분이었다. 만남도 덤덤했지만 쉬 꽃대를 보여주지 않았었다. 눈에 보일 듯 말 듯 여리게 올라왔다. 만삭의 임산부를 바라보는 것처럼 대견하고 고마웠다. 모든 역사는 밤에 이루어진다고 했던가. 어느 날 아침에 꽃대가 쑥 머리를 내밀었다. 꽃대를 내밀면서 키도 한

뼘 이상 커버렸다. 내 키보다 작았었는데 성년식을 치르면서 몸도 성장했나 보다. 몽울몽울 싸라기 같은 꽃 몽울이 매달리고 수수 모가지처럼 꽃대가 축 쳐지면서 하이얀 꽃이 벙글고 있었다. 오후쯤 되어 바람이 서늘해지자 행운목의 꽃향기가 온 집 안을 가득 채웠다. 신기한 일은 항상 그 시간에 맞춰 향기를 내뿜는다는 것이다.

행운목 꽃이 피면 좋은 일이 있다는데 함부로 발설했다가 좋은 일이 오지 않을까 조심스러워 누구에게도 말을 아끼고 싶었다. '우리 집에 행운목 꽃이 피었습니다.'라고 소문을 내고 싶었지만 다소곳이 지켜보며 아들딸에게만 행운목의 영상을 보여주었다. 차츰 자랑하고 싶은 마음이 꽃보다 더 커졌다. 누가 와서 이렇게 고운 향기를 좀 맡아주면 좋으련만 코로나19가 창궐하고 있으니 초대할 수도 없었다. 카페에 올려 영상으로 선보였다. 꽃이 오후 다섯 시에 피어나면 그 향기가 밤이 이슥할 때까지 머문다. 향기가 아침까지 머물기를 바랐지만 아침에는 꽃이 시들었다. 꽃대 위에서 순서를 기다리는 다른 꽃망울이 터지기를 반복하면서 피고 지고 피고 지고 한 달가량 기품 있고 고고하게 30년의 역사를 드러내었다. 꽃대를 밀어 올리는

데 온 힘을 다해서인지 꽃 진 자리의 이파리가 굳어 있고 더 이상 자라지 못했다. 막 해산하고 첫국밥 한 그릇 푸근히 먹고 긴 숨 돌리는 산모의 형상이랄까. 이제 행운목을 보려면 올려다봐야 한다. 삼십 년이란 세월 속에서 행운목은 나와 눈물도 기쁨도 평화도 같이했다. 행운목은 단순한 식물이 아니고 가족으로서 한 공간 안에서 내가 외로울 때에 말없이 위로를 건네주는 나의 동반자다.

청춘

오월의 싱그러움이 넘실댄다. 신록의 계절이 오면 찾고 싶은 곳이 있다. 해마다 봄이면 가겠노라고 다짐하지만 쉽지가 않다. 내가 살아 숨쉬고 있다는 사실을 오월의 신록에서 느낀다. 봄빛 쏟아지는 날 청보리밭을 찾았다. 모진 추위 견뎌내고 강인하고 꿋꿋하게 자란 푸른 보리밭에서 나는 새 기운을 얻는다.

멀리 떠나간 사람을 그리워하듯 어느덧 보리 이삭이 긴 목을 드러냈다. 이리 흔들 저리 흔들, 보리 모가지가 바람에 나부낀다. 초록의 대지에 서면 어린 시절 오빠와 보리피리 불던 시절이 아련하게 떠오른다. 손에 푸른 물이 들

정도로 짙푸른 보릿대를 꺾어 마음껏 불던 초록의 날이었지. 내 보리피리는 소리가 잘 나지 않아 오빠 것을 빼앗아 불었었다. 삘 일리~삘 일리.

아득한 옛날 같지만 손을 뻗으면 잡힐 것 같은 날들. 마음속 깊이 향수로 남아 있다. 보리가 채 여물기 전 익지 않은 누르스름한 보리를 꺼럭째 삶아 보리 꺼럭과 껍질을 어머니의 손바닥으로 문질러 벗겨낸 풋보리쌀. 짭짤하면서도 졸깃하고 들큰한 풋보리쌀. 입안에서 톡톡 터지는 고소한 맛이 아직도 입언저리에 감돈다. 보릿고개 무렵에만 먹을 수 있는 특별하고 귀한 간식이었다. 어른이 되어 한 번쯤 내가 직접 비벼서 먹어 보리라는 생각도 해봤지만 언감생심. 그냥 추억으로 존재하고 있을 뿐이다. 첫아이 가지고 입덧할 때 그토록 먹고 싶었었다. 하필 춘궁기에 먹던 풋보리쌀이었을까. 그때 먹지 못한 아쉬움이 더 그립게 하는지 모르겠다.

보리가 노랗게 옷을 갈아입을 무렵이면 보릿고개가 절정이었다. 힘겹게 보릿고개를 넘어서 만난 햇보리로 밥을 지으면 입맛이 좋을 때였는지, 선택의 여지가 없어서였는지 보리밥도 꿀맛이었다. 어머니가 밭에서 저물게 오시면 보릿대로 불을 때 꽁보리밥을 지었다. 마당 화덕 앞에서 바람이 훅 불면 보릿대 매운 연기가 얼굴을 덮쳤다. 눈썹이 고실라지고 놀라 자빠져서 눈물 콧물을 훔쳐야만 했다. 솥단지 한가득 보리쌀을 넣고 한가운데 쌀 한 주먹을 넣어서 밥을 지었다. 아버지 밥과 막둥이 밥만 쌀이 섞인 밥이고 나머지는 꽁보리밥이었지만 아무도 불만이 없었다. 그저 맛있고 감사할 뿐이었다. 집안의 가장인 아버지와 어린 동생의 쌀밥이 먹고 싶고 부러웠지만 불평은 하지 않았다. 우리 형제들은 그렇게 보리밥을 맛있게 먹으며 자랐다.

이제는 쌀도 귀하지 않고 보리를 비롯한 잡곡이 대우받는 시절이 되었다. 보리 꺼럭이 올곧게 하늘을 향해 서서 꼿꼿하다. 세상이 달라졌다. 맛있는 쌀밥보다 탄수화물이 적은 보리밥과 잡곡밥을 선호한다. 그 시절을 기억하는 내겐 격세지감이다. 예전에 구황식품이었던 곡물들이 건강식품으로 자리매김하고 있으니 말이다. 보리도 단순히 한 끼 식사를 해결하는 밥으로만 소비하는 것이 아니라 연구 개발이 무궁무진 진행되고 있다. 예전에는 보리 개떡이 우리의 배고픔을 달래주었다면 이제는 보리빵, 보리

쿠키와 보리 건빵도 있다. 보리로 만든 새로운 식품들은 배고픔을 참지 못하는 나에게 잠시나마 허기를 채워주는 천사 같은 간식이다. 청보리 새싹 차와 보리싹으로 만든 음료로 갈증을 해소한다. 한참 동안 청보리밭에서 추억을 더듬고 내 몸을 위한 레시피도 나열해 보았다.

오늘은 그냥 오월의 하늘 아래서 보리밭 사잇길을 걷고 또 걸었다. 봄은 매양 찾아오지만 순결한 봄날이 그리웠다. 내 삶에도 푸른 보리밭처럼 청춘이 있었다. 이제 남은 날 중에서 내 생에 가장 젊은 날이여! 나의 청춘을 불러본다. 나에겐 열정과 꿈이 있고 사랑도 있다. 저 널따란 대지에서 양팔을 벌리고 뛰어다니며 보리피리도 불고 싶다. 푸르디푸른 대지에서 밝고 맑은 희망의 노래를 부르리라. 얼굴에 검버섯이 피어나고 머리칼은 희어졌어도 아직은 나에게 청춘이 존재한다. 되돌릴 수 없는 초록의 시절이여! 아득한 청춘을 향해 날갯짓하자. 백로를 부러워하지 않으며 파랑새가 되어 날아 보리라. 아침에 눈부신 햇살을 받으며 시리도록 파란 하늘을 올려다보고 오월의 태양과 바람 앞에 서 보리라. 연둣빛 풀물 가슴에 안고 보리꺼럭 나부끼는 봄날, 청춘으로 돌아가리라.

방울토마토

이파리들이 살랑살랑 흔들리는가 싶더니 가지가 휘어질 정도로 바람이 분다. 베란다에 내놓은 토마토 화분이다. 라운드형의 베란다를 일자형으로 바꾸니 화분 두세 개 정도 놓을 자리가 생겼다. 얼씨구나 하고 토마토를 키우는데 키가 쑥쑥 자라더니 파란 알맹이가 방울방울 달렸다. 며칠 지나니 주황색으로 그다음은 빨간색으로 주저리주저리 매달려 있다.

아침에 일어나면 얼른 베란다로 나가 밤새 잘 지냈는지 아침 인사를 한다. 가지가 쭉쭉 뻗고 휘어질 정도가 되니 빨강 방울이 바닥에 떨어져 있었다. 예쁜 모습으로 낙과하며 자리를 내어주는 것이리라. 손을 뻗어 한 개 따서 먹어보니 딱 토마토 맛이다. "고것 참 단단히 여물었네." 빨간빛을 따버리니 초록의 가지에 노란 꽃만 남았다.

어느 날 태풍이 온다 하니 내심 걱정이 되었다. 자고 일어나 보니 키가 너무 큰 탓이었을까 몸통이 그만 꺾여 있다. 다행히 한쪽 껍질이 잘리지 않아 간신히 윗몸을 지탱하고 있다. 끊어질 듯 말 듯 아슬한 생명줄로 살 수 있을까 염려가 되었지만 끈으로 묶어주었다. 온전치 못한 모습에 속이 상했다. "제발 잘 붙어서 살아다오." 잔가지를 솎아내고 수분을 잔가지까지 올리는 데 힘들지 않게 꼭지도 잘라주었다. 금방 시들 것 같았는데 뚝 부러진 허리에 껍질만으로 상체를 지탱하며 꽃을 피워냈다.

오늘도 바람이 토마토를 흔든다. 토마토 나무는 병약한 몸으로 무성한 이파리를 건사하면서 열매도 예전처럼 달고 마치 자식 돌보듯 한다. 참 끈질긴 생명력으로 버티고 있는 모습이 나와 닮았다는 생각이 든다. 오늘 하루 탈 없이 살아냈다는 것이 기적이라 여긴다. 모든 생명체는 타고난 생명력으로 살아간다고 하던가. 아무리 각자의 생명력이 있다 하여도 환경적인 요소와 여건을 살피며 인고의 세월을 부단한 노력과 인내로 견디어야 한다. 이제 산전수전 겪었으니 움츠러들지 말고 당당하게 살라는 주치의 말씀이 늘 마음 한구석을 차지하고 있다. 토마토는 자기를 돌봐주는 주인의 몸이 병약해 안타깝지만, 타고난 생명력으로 잘살아 보자고 자꾸만 용기와 격려의 메시지를 던져주고 있다.

바람에 나부끼는 푸른 이파리가 오늘따라 더 싱싱하다.

풍경을 만나다

정오를 조금 지났는데 자꾸만 해가 지는 느낌이 들었다. 설날 큰집에서 차례를 지내고 집으로 오는 길에 따뜻한 볕을 쬐며 잠시 걷고 싶었다. 걷기 운동은 나의 일상 중 중요한 부분이다.

큰길을 두고 좁은 길이지만 빨리 도착할 수 있는 길로 차를 돌렸다. 주차장에서 내려 산사의 풍경 소리를 듣고 싶어 금산사를 향해 걸었다. 정월 초하룻날 절을 찾는 사람들이 꽤 많았다. 포장마차에서 군밤과 엿을 팔고 있었다. “설날 엿을 먹으면 복이 들어온대요. 엿 좀 사 가세요." 엿지기와 피식 웃고 지나치다가 복 짓는다는 말에 솔깃하여 한 팩을 샀다.

한입 물고 걷다가 혹 금이빨이 빠지지 않을까 불안한 생각이 들었다. 앞니로 자근자근하다가 느낌이 이상해서 꺼내 보았다. 아니나 다를까 엿에 금이빨이 착 달라붙어 있었다. 아차. 이런 실수라니. 하지만 때는 늦었다. 몹시 후회하는 나에게 엿지기는 어차피 빠질 것이 미리 빠진 것뿐이니 어쩌면 다행이라고 했다. 잘 빠져나왔으니 다시 붙이면 된다고 하였다. 엿 한 팩의 복을 받으려 욕심을 부렸나 싶기도 하고 설날에 기분이 참 묘했다.

해탈교를 올라서 금강문으로 들어섰다. 금강문에서 바라보니 천왕문도 보였다. 사천왕들의 모습을 보면 무섭다기보다 익살스럽다고나 할까. 절 마당은 아직 눈이 녹지 않아 질퍽거렸지만 발걸음을 옮길 만했다. 계속 마당을 돌면서 파란 하늘을 올려다보았다. 아련한 초등학교 시절이 하늘 아래 있었다. 그 시절 소풍 장소는 늘 금산사였다. 서로 손잡고 두 줄로 걷고 또 걸을 때 햇볕은 왜 그리 따가웠던지 가도 가도 도착지는 보이지 않았다. 그렇게 봄소풍엔 벚꽃을 바라보고 가을소풍엔 코스모스를 바라보며 걸었는데 풍경 소리는 알지 못했다. 이순耳順의 고개를 넘어서 풍경 소리가 들리고 보리수나무도 보였다.

추녀 끝을 바라보니 풍경이 미동도 하지 않는다. 이쪽저쪽 추녀에 매달린 풍경들은 바람 한 점 없는 설날 한낮의 고요를 즐기고 있는 듯했다. 겨울 볕이 그득한 산사 마당을 몇 바퀴 돌았다. 외국인들이 많았다. 설날 고향에 가지 못하는 마음을 달래기 위해 부처님을 찾아온 것 같았다. 그들의 표정은 밝아 보였다. 저만치서 장삼 자락이 펄럭였다. 큰스님이었다. 큰스님을 알아본 어느 일행이 발걸음을 멈추고 모두 합장을 한다. 스님은 커다란 지팡이를 들어 답례를 해주었다. 산사의 또 다른 풍경이었다.

눈도 없는 겨울이 그러저러 지나고 있다. 보리수나무에 함박눈이 내리는 날 눈꽃 사진 찍으러 다시 오리라. 그때는 풍경 소리도 들리겠지. 풍경 소리가 듣고 싶어서 들른 산사인데 풍경 소리를 듣지 못하고 햇볕 쬐는 풍경만 만나고 절 밖으로 나왔다.

요 며칠 마른 추위에 찬바람만 쌩쌩 불더니 밤새 눈이 내렸다. 산간지방과 해안지대는 눈이 많이 내렸다는데 전주에는 눈이 없다. 드라이브 겸해서 금산사에 가면 눈이 있겠지 싶었다. 생각했던 대로 살포시 내린 눈은 아직 녹지 않았다. 마침 끼니때라 공양간에 들러 점심을 먹을 수 있었다. 언젠가 오후에 이곳에서 스님 한 분을 만났는데 오전에 와서 절 음식을 먹어보라고 하였다. 한국문화는 밥상 문화라 하였던가. 처음 보는 나그네한테도 밥 한 그릇 먹이고 싶은 마음이 우리의 인심인 것 같다. 사찰의 스님도 다를 바 없었다. 그래서 오늘 점심 공양을 받았다. 나물과 미역국 사찰 김치가 담백하고 맛이 있었다. 풍경 소리 따라 찾아온 나그네에게 공양하다니. 오래전 절밥을 권하던 스님은 보이지 않았다.

어디선가 청명한 소리가 들렸다. 추녀 끝 풍경 아래서 물고기가 바람에 나부끼고 있었다. 풍경 소리를 들으면 누군가 그리워지고 지금 내가 어디쯤 서 있나 돌아봐진다. 넓은 마당에서 내 발자국을 찾아본다. 유년기, 청년기 중년 시절에도 더러 찾아온 마당이다. 막연히 찾아와 지나쳐간 나그네의 자국들도 차곡차곡 남아 있기를 염원해 본다. 얼마나 많은 사람이 자국을 남겼을까. 설날 내가 남기고 간 발자국에 눈이 내렸다. 오늘 내가 걸었던 발자국 위에 풍경 소리가 여운을 남기고 있었다.

바람아 바람아

가을 하늘이 공활하다. 여름에 그토록 무덥더니 이런 가을이 오려고 그랬던가 보다. 도심을 조금만 벗어나면 누런 황금 들녘을 볼 수 있다. 추석이 일러서인지 햇과실 맛이 좀 어설프다. 가을 과일의 대표 격인 알밤도 햇밤은 나왔지만 본격적으로 출하되지 않았다.

붉게 익어가는 대추가 가을의 낭만이다. 대추는 무언가 푸근하면서도 애착이 가는 과실이다. 임산부가 대추나무 옆을 그냥 지나치면 나중에 아기의 눈이 짝눈이 된다는 말도 있다. 대추가 작지만 달고 맛있기로 과실 중에 둘째가라면 서운하다는 말의 속뜻일까. 그만큼 맛으로나 영양적으로도 가치가 있다는 뜻일 게다. 또 '대추 보고 안 먹으면 늙는다.' '대추는 노화 방지에 좋은 열매로 비타민C 함량이 높고 수면에 도움을 준다.' 하였다. 《동의보감》에 대추는 맛이 달고 독이 없으며 속을 편안하게 하고 오장을 보호한다고 적혀 있으며, 오래 먹으면 안색이 좋아지고 몸이 가벼워지면서 늙지 않는다고 하였다.

몇 년 전부터 작은 밭이 있어서 밭 둘레에 여러 가지 과실나무를 심었다. 토질이 맞지 않는지 감나무와 사과나무는 말라 죽었다. 매실나무와 대추나무는 특별히 관리하지 않아도 잘 자랐다. 그렇게 잘 크고 매실이 잘 열리더니 언제부턴가 매실나무가 병충해로 시름시름 앓다가 죽기 시작했다. 지난해 대추는 많이 열렸는데 약을 치지 않아서 나무에 매달려 있는 것보다 떨어지는 것이 더 많았다. 수확기에 거둔 대추도 깔끔하게 건조시켰지만 하나도 먹을 수 없게 되었다. 멀쩡하게 잘생긴 대추였는데 이미 대추 속에 벌레가 터를 잡아 살고 있어 벌레의 똥 때문에 써서 먹을 수가 없었다.

올여름은 비도 오지 않고 불볕더위가 지속되었지만 약

대추며 사과대추가 잘 여물어가고 있다. 태풍이 온다는 일기예보로 우선 익은 것부터 따러 갔다. 오랫동안 비가 내리지 않다가 여름이 끝날 무렵에 내려서인지 사과대추 대부분이 쩍쩍 금이 가고 살이 터 있었다. 갑자기 비를 맞고 크다 보니 저렇게 텄을까. 토양에 무엇이 부족해서 저리되었을까. 생각해보니 토양의 문제만이 아니었다. 사랑과 관심이 부족했던 것이다. 나무도 그냥 심어만 놓으면 자라는 게 아니었다. 태풍이 오고 있다는데 거센 바람에 익지 않은 대추가 모조리 떨어져 버릴 것만 같았다. 바람아, 바람아, 멈추어다오.

떨어진 대추를 줍는 것보다 머리를 들어 하늘을 올려다보며 붉은 대추를 하나씩 따는 것이 훨씬 옹골찬 재미가 있지 않겠는가. 통통하게 살이 찐 붉은 대추는 달고 맛이 있다. 퍼런 대추 맛은 대추 같지 않다. 대추는 익으면서 씨알이 굵어지나 보다. 제법 대추 꼴을 갖추고 있어 가을의 정취가 묻어난다.

그다지 실하지도 않은 나뭇가지에 다닥다닥 많이도 붙었다. 어떤 것은 둥글고 어떤 것은 길쭉하다. 사람도 마찬가지다. 둥글둥글 모나지 않고 넉넉한 사람, 따가운 햇볕도 받아내고 바람도 품에 안을 수 있는 사람. 가시처럼 뾰족이 끝을 세우고 따지기를 잘하는 사람, 온 우주의 기운을 모아 응원해주는 사람. 대추가 혼자서 붉어지지 않듯이 사람도 주변 환경에서 많은 사람들과 어우러져 살면서 품이 넓어지고 깊어질 것이다. 태풍을 견디고, 천둥과 벼락을 품으며 대추는 둥글어지고 독특한 대추로 무르익었다는 장석주 시인의 시 〈대추 한 알〉이 떠올랐다.

대추의 특징은 한 나무에 열매가 헤아릴 수 없을 만큼 많이 열리며 꽃 하나가 피면 반드시 열매 하나가 달린다는 것이다. 꽃 하나가 반드시 열매를 남기고 떨어진다니 헛꽃은 절대 없는 대추. 사람으로 태어났으면 반드시 자식을 낳고 죽어야 한다는 뜻이란다. 자손의 번창을 기원하는 대추. 그래서 폐백을 드릴 때 대추를 한 주먹 새색시 치마폭에 던져주는 것이리라. 올가을은 대추가 풍년이다. 호남지방은 태풍도 비껴갔다. 북서풍이 데려온 가을. 그 바람에 대추가 붉게 익어가고 있다.

중추절에 공활한 밤하늘의 달을 보며 오늘 하루도 감사한 마음으로 저녁을 맞이한다. 소슬바람에 얼굴을 비비고 이슬을 받아먹은 왕대추의 얼굴이 한가위 달 같다.

용머리 별곡

지명 전설은 어느 지역이나 지형과 역사, 문화를 배경으로 전승되므로 그 지역 안에서 생명력을 갖습니다. 용은 우리나라 지명에 가장 많이 등장하는 소재 중 하나입니다. 전국에 용머리 또는 용두산이라는 지명이 많고 이에 얽힌 전설도 비슷한 것이 많습니다. 완산完山은 백제 시대에 전주를 나타내는 지명으로 사용되기 시작했으며 '살기 좋은 고장'이라는 뜻을 지니고 있다 합니다. 용머리고개는 완산의 산새를 풍수지리적으로 해석하여 지었답니다.

용머리란 이름은 지형적 유사성으로 완산칠봉과 다가산

이 만나는 모양이 하늘에서 보았을 때 용의 머리 형상 같다 하여 용머리고개라고 불려졌답니다. 용은 산을 의미하기도 하고 민간신앙과 관련해서는 비를 관장하고 풍요를 가져다 주는 수호신으로 숭배되기도 합니다. 이런 이유 때문에 지명에 얽힌 전설에서 용은 매우 친근한 존재로 우리네 삶에서 자주 접하게 됩니다. 자기가 거주하는 삶의 공간을 인식하고 이해하는 데 가장 기초적이고 중요한 자료가 되지요. 시간이 지나면서 지형과 삶의 모습이 변하더라도 지명 전설은 지역의 역사와 문화적 정체성을 오래 간직한다는 점에서 의미가 있다고 봅니다. 용머리고개에는 여의주 마을이 있습니다. 1960년대 새마을운동으로 용머리고개 산비탈의 판자촌 주민들을 집단 이주시키면서 용머리고개를 품은 마을로 용머리 여의주 마을이 조성되었습니다.

우리 가족이 용머리고개를 넘나들며 살기 시작한 것은 전주에 터를 잡으면서부터이니 족히 삼십 년은 되어갑니다. 용머리고개에 인접 시군으로 가는 직행버스 간이정류장이 있습니다. 승용차가 없던 시절 교사인 남편은 정읍으로 출퇴근하기 위해 반드시 들러야 하는 장소였지요.

또한 태인인 본가에 가기 위해 우리는 용머리 간이터미널에서 버스를 기다리다 지루하면 아이들과 꼭 찾는 만둣집이 있었지요. 습관이 되었던지 아이들은 버스 타기 전에 만두를 먹어야만 정읍 태인행 버스를 탔습니다. 강산이 세 번이나 바뀐 어느 날, 걸어서 용머리고개를 넘어오다 만두를 먹으러 들어갔습니다. 예전에는 키가 훤칠한 미남 아저씨가 만두를 빚었었는데 오랜만에 가보니 머리가 허연 할아버지가 만두를 만들고 있었어요. 용머리고개를 대표할 만큼 오래 그곳을 지킨 만둣집 아저씨도 긴 세월을 비껴가지는 못했나 봅니다.

용머리고개에는 대를 이어 운영하는 대장간도 유명하지요. 아버지와 아들이 시뻘건 불에 쇠붙이를 달구고 두들기며 열심히 담금질을 하고 있습니다. 대장간에서 농기구와 무쇠로 만든 솥 등을 구경하다 보면 꼭 사고 싶은 것이 있습니다. 바로 호미입니다. 호미는 손바닥만 한 텃밭이라도 일구려면 꼭 필요한 기구이기에 집집마다 한 개쯤은 가지고 있지요. 한동안 농사짓는다고 용머리 대장간에서 괭이 삽 곡괭이 낫 등을 사 날랐지요. 고구마 농사지을 때 쇠스랑을 사다가 고구마를 캤는데 자루가 부러져 새로

사기도 했습니다. 몇 년 전에 가까이 지내던 지인이 무쇠 솥 하나를 주었어요. 너무 투박하고 무거워 사용하지 않고 있어서 버릴까 했지만, 대장간에서 무쇠 솥 하나가 만들어지는 과정을 본 일이 떠올라 버릴 수가 없었지요. 약쑥을 태운 검은 재와 들기름으로 반짝거리게 닦아서 누룽지 만드는 솥으로 쓰고 있지요.

용머리고개 너머 완산 산기슭엔 정혜사란 사찰이 있습니다. 이 절은 비구니들의 기도 도량으로 도심 안에 아늑하게 자리잡은 사찰입니다. 저녁 종소리가 완산공원과 용머리고개에 은은하게 울려 퍼지며 조용한 밤이 되도록 인도하시요. 정혜사와 용머리성당은 종교의 벽을 넘어 부처님 오신 날이나 부활절에 서로 축하의 메시지를 주고받으며 용머리고개의 평화와 안녕을 기원합니다.

우리는 용머리성당에 이십 년째 다니고 있습니다. 용머리성당은 걸어서 10분 정도의 거리입니다. 그러다 보니 이곳이 고향 같은 느낌이 들지요. 성당에서 교우들과 친목도 다지고 가족 같은 분위기에서 봉사단체에 가입하여 작은 봉사라도 할 수 있었는데 지난해부터 교회 모임과 미사가 전면 중단되었지요. 코로나19 펜데믹 사태는 신앙

생활에도 커다란 장해를 주고 있습니다. 대구 신천지에서 퍼지기 시작한 코로나 때문에 한동안 성당 문을 닫기도 하고 비대면 미사가 거행되기도 하였지요. 서로가 서로를 위해서 마스크를 쓰고 거리 두기를 잘 이행하면서 조심하여 어서 코로나가 종식되어 세계인들이 평화롭게 살기를 염원합니다. 사람이 먼저인 세상이기를 기원합니다. 지난해 봄에 새로 부임하신 신원철(안토니오) 주임 신부님은 첫 만남부터 신자들의 마스크 쓴 얼굴만 보게 되어 안타깝다고 했습니다. 두 분 수녀님도 눈으로만 인사를 나누고 신자들 현황 파악도 제대로 할 수 없다고 합니다. '신앙의 힘으로' 밝고 평화로운 미래를 만들어 가자고 하십니다.

아름다운 성전 '천주교 용머리성당' 앞 평화의 예수님께서는 팔을 크게 벌리고 말씀하십니다. '수고하며 무거운 짐을 진 사람은 다 나에게로 오라, 내가 편히 쉬게 하리라.'

우리 동네 꽃동산

초록빛 물결이 아침의 빗장을 연다. 베란다에 나가서 싱싱한 공기를 마시며 심호흡을 한다. 하룻밤 사이에 연두가 초록으로 재주를 넘었나. 아니야 아직은 연두야. 봄의 분수령을 넘어가는 간절기, 따사로운 햇살에 화답하듯 나뭇잎과 꽃잎들은 하루가 다르게 초록을 부풀리고 있다. 한낮엔 초여름 날씨인 듯 착각을 할 수도 있겠다. 목련이 지고 구름 같은 벚꽃도 꽃비로 흩어진다. 철쭉이 자기 차례라고 홍조를 띠고 웃고 있다.

우리 동네 완산칠봉은 요즈음 동요 속의 꽃 대궐이 되었다.

“울긋불긋 꽃 대궐 차린 동네. 그 속에서 놀던 때가 그립습니다.” 나도 모르게 〈고향의 봄〉을 흥얼거리곤 한다. 꽃 대궐 가는 길, 이곳은 나의 태생지는 아니지만 20여 년을 살고 있으니 고향 같은 곳이다. 꽃 대궐까지는 걸어서도 갈 수 있다. 싸목싸목 걸어서 남부시장 다리를 지나 완산시립도서관 길을 오르다 보면 바로 도서관 뒷산이 꽃 대궐이다. 꽃향기에 취해 걷다 보면 우거진 소나무 길에 다다른다. 마음까지 건강하게 하는 솔 내음이 좋고, 가슴으로 파고드는 소쩍새 소리는 왠지 마음을 차분하게 한다.

핑크빛 겹벚꽃이 만개하면 터널을 이룬다. 꽃그늘 아래로 사람들이 구름처럼 움직이며 지나다닌다. 꽃은 잎을 확 벌렸을 때보다 막 꽃망울을 터뜨릴 때가 더 좋다. 화사하게 피었던 꽃들이 바람에 흔들려 눈처럼 흩날린다. 연분홍 꽃잎들이 휘날리다 꽃눈으로 쌓인다. 걸음을 어디에 두어야 할지 요리조리 살피며 한 발 한 발 내디딘다.

한낮엔 인파가 북적이니 가까이 사는 사람들은 아침 일찍 산책 겸 동네 한 바퀴를 돌아본다. 꽃 대궐뿐 아니라 봉우리 일곱 개가 있어 칠봉이라 하는 완산칠봉까지 간다. 봉우리마다 이름도 다양하고 전설도 숨어 있다. 숲속에서 맹감나무와 산딸기, 키 작은 야생화를 보는 재미가 쏠쏠하다. 거기에 송진 냄새까지. 숲은 사람들을 유혹한다. 솔 고동이 길어질 때 바람은 그냥 지나가지 못하고 솔 고동을 흔들어댄다. 뿌연 송홧가루가 안개비처럼 이리저리 흩날린다. 여름에는 숲이 있어 더위를 식혀주고 가을에는 단풍들이 가을꽃을 피운다.

어느 지인이 완산칠봉을 지리산처럼 거대한 산으로 알고 등산하러 왔다가 막상 와보니 작은 산이어서 실망했다고 했다. 그래서 나는 작은 봉우리라고 얕보면 큰코다친다고 말해주었다.

골이 깊고 길이 여러 갈래로 많아 자칫하면 길을 잃고 헤맬 수도 있다. 작아도 산은 산이다. 나의 경험을 들려주었다. 언젠가 늦가을, 여자 셋이 완산칠봉에 올랐다. 노랗게 떨어진 솔잎들이 금잔디처럼 예쁘고 폭신해서 한없이 길 따라 걷다가 위치를 확인할 수 없게 되었다. 동서남북을 찾아보았다. 오던 길을 되돌아가기는 너무 멀었다. 지름길을 찾다가 험준하고 깊은 계곡으로 내려가 크게 당황했다. 다행히 어두워지기 전에 빠져나올 수 있었지만 지척에 있는 낮은 산이라도 쉽게 볼 일이 아님을 깨닫는 계기가 되었다. 나에게 있어서 완산칠봉은 추억도 많고 사연도 많은 산이다.

완산칠봉 꽃동산은 몇 해 전까지도 지금처럼 널리 알려지지 않았다. 네트워크가 발달한 초스피드 시대로 신문과 TV에 몇 번 소개되더니 오늘에 이르렀다. 완산칠봉 투구봉 꽃동산은 개인 소유였는데 명소가 되다 보니 사회에 환원했다고 한다. 선친의 묘가 있는 야산에 꽃나무를 심기 시작해서 40년 이상 정성들여 가꾼 꽃밭이다. 어려운 생활에서도 멈추지 않고 아름다운 꽃동산을 만들겠다는 열정과 의지로 평생을 바쳐 꿈을 이루었다. 한 사람의 노력이 많은 사람들에게 매년 봄날의 화려한 추억을 선물하고 있다.

2부
밥 잘하는 남자

요즘은 달그락 소리도 없이 잡곡밥을 촉촉하게 하는 기술이 늘었다. 수없는 시행착오를 거쳐 밥 잘하는 그는 나의 든든한 버팀목이다.

가자미도 제철

남부시장 새벽시장에 사람들이 우르르 몰려 있다. 선착장에 배가 들어온 듯 북새통이다. 웬일인가 싶어 발빠르게 걸어가 고개를 쭉 빼고 들여다봤다. 한쪽에선 젓갈용 멸치가 상자째 움직이고 또 저쪽으로 가보니 가자미를 옮겨 담느라 분주하다.

"가자미로 뭐하시려고요?"

"가자미젓 담으려고요."

나는 가자미를 좋아했던 백석이 떠올라서 물었다.

"나도 가자미 사려는데 이제 없나요?"

마침 딱 한 상자 남았다고 했다. 얼른 대열에 끼어 한 상자를 덥석 차지했다.

흰밥과 가재미와 나는/ 우리들은 그 무슨 이야기라도 나눌 것 같다./ 서로 미덥고 정답고 그리고 좋구나./ 우리 둘이 같이 있으면/ 세상 같은 건 밖에나도 좋을 것 같다. (중략)

— 백석의 시 〈선우사膳友辭가 · 음식 친구에 관한 글〉

이제 나도 백석처럼 가자미와 친하게 지낼 수 있을 것 같이 마음이 흐뭇했다. 지난주에도 가자미 스무 마리를 이만 원에 샀고, 지지난주에도 가자미를 샀는데 이번에는 상자째 사버렸으니 이를 어찌 감당할까 은근 걱정이 된다. 아무리 친하게 지내고 싶다지만 많아도 너무 많다. 어떤 이는 가자미 철은 시월이라 하고 또 다른 이는 봄철이 제철이라 하니 종잡을 수가 없다. 가자미를 씻고 손질하면서 대충 세어 보니 크고 작은 것 모두 합해 백 마리는 족히 되는 것 같다. 절반은 젓갈로 담기 위해 배를 갈라 내장을 빼고 미끈거리는 것을 닦아냈다. 젓갈은 담아서 오래 묵혀야 제맛이 난다고 했다. 제일 기대되는 것은 가자미식혜인데 그것은 살아 있는 것으로 해야 한다니 가자미식혜를 먹어보기는 틀렸다. 큰 것을 골라 고추장 발라서 구이로 먹는 게 최고지 싶다.

백석은 흰 쌀밥과 가자미와 고추장 이렇게 셋이서 친하게 지내는 것을 좋아했고, 가난하고 쓸쓸한 밥상에 가자미가 한 끼도 빠지지 않았다고 한다. 백석이 나귀를 타고 좁은 골목길을 일 없이 왔다 갔다 하는 장면이 그려진다. 남부시장은 오월이 되면 아카시꽃 향기로 생선 비린내를 휘발시키고 유월이 되면 밤꽃 내음이 코끝을 간질인다.

건강한 삶을 위해서는 제철에 나는 채소나 과일을 먹어야 한다는데 생선도 마찬가지다. 남부시장으로 가면 제철에 나는 식재료를 단박에 알 수 있다. 전주는 바닷가가 아니고 바다에서 나는 해산물을 소비하는 도시이지만 철 따라 나오는 생선이 있다. 남부시장 J수산에서 취급하는 싱싱한 동해 서해의 생물들이 알려주기 때문이다. 일이월엔 홍어가 인사를 하고 삼월엔 꽃게로 간장게장을 빠트릴 수 없다. 통통하게 살이 오른 봄 바지락은 꼭 먹어야 한다. 바지락 칼국수 한 그릇은 잃어버린 입맛을 찾게 해준다.

사월에는 가자미가 텅 빈 우리 집 냉장고로 들어온다.

가자미는 나는 물론 딸도 좋아하고 딸의 딸도 좋아하니 여인 삼대가 만나면 가자미 이야기에 흠뻑 빠지곤 한다. 단백질은 물론이며 여러 가지 영양소를 지니고 있다. 가자미는 비교적 비린내가 적게 나며 뼈가 부드럽고 가성비가 높아 더 좋아한다. 사월 가자미와 고추장과 잡곡밥은 가난한 내 식탁에서 나의 친구가 되어 영양이 결핍되지 않게 해주리라. 두 눈이 오른쪽으로 몰려 있는 가자미를 마주하다 보면 엉뚱한 생각을 하게 된다. 살다 보면 때로는 미운 사람이 있기 마련이다. 밉다고 눈을 자주 흘기다 보면 사람 눈도 가자미처럼 한쪽으로 돌아가 버리지 않을까. 가자미를 먹으면서 미운 사람이 있더라도 마음을 곱게 가져야겠다는 생각을 해본다.

구슬

구슬은 꿰어야 보배라 하였다. 각종 보석의 원형은 구슬 모양이다. 구슬처럼 생긴 보석은 부富의 상징이기도 하다. 요즘은 부의 상징을 넘어서 구슬 같은 액세서리로 치장하기도 한다. 옛이야기에도 은구슬 옥구슬 등 구슬이 많이 등장한다.

오전 9시가 조금 지났다. 숨이 턱까지 차오르고 구슬 같은 땀이 흘렀다. 더는 견딜 수 없어 밭에서 나와야 했다. 봄에 모종을 심어놓고 건강이 좋지 않아 나와 보지 못했는데 참 많이도 자랐다. 칠월 막바지, 고추도 큼직하니 많이 열리고 가지, 오이도 주렁주렁 달려 있었다. 심은 양에 비해 수확이 좋았다. 작물들도 튼실하지만 잡초들도 농작물과 힘겨루기라도 하듯 기세등등하였다.

나는 밭작물 중에 대파를 즐겨 심는다. 대파 양파는 마늘과 함께 우리나라 음식에서 양념으로 으뜸이다. 파 특유의 알싸한 냄새는 알리신(Allicin)이라는 성분이다. 이는 날것으로 먹으면 매콤하지만 익혀 먹으면 들큼하여 향신료로도 쓰이며 노화 방지에도 도움을 준다고 알려져 있다. 파는 음식을 만들 때 주로 흰 줄기 부분을 쓴다. 그렇지만 녹색 잎에는 비타민 A와 C의 함량이 많은 편이라고 하여 파란 잎도 버리지 않고 모두 이용한다. 뿌리와 흰 부분은 대추와 생강을 넣어 달여서 마시면 감기에도 효능이 있어 겨울철이면 나는 대파 차를 즐겨 마신다.

우리 밭은 토질이 좋아 대파가 잘 자라는 것 같다. 해마다 대파를 꼭 심는다. 벌레도 타지 않고 잘 큰다. 토양과 대파가 찰떡궁합이라고 할까. 봄에 어린 파를 모종해놓고 한여름이 되어서 나와 보니 대파밭이 아니라 풀밭이 되어버렸다. 기다란 이랑의 잡초를 뽑다 보니 대파도 같이 뽑힌다. 대파 한 뿌리가 소중하게 느껴졌지만, 이마의 땀을 훔쳐내느라 일을 할 수 없었다. 겨우 파밭만 풀을 뽑아놓고 보니 제법 대파가 모습을 드러내 마음이 뿌듯하였다. 작은 평수이고 올해 처음 농사를 짓는 것도 아닌데 왜 이렇게 무덥고 힘이 드는 것일까. 말 그대로 파김치가 된 기분이다. 노약자는 더위에 취약하다고 흔히들 말한다. 내가 더위에 약한 노약자가 된 것일까?

일을 포기하고 밭둑길을 걸어 나오는데 양옆으로 개망초가 시들어가고 있었다. 나는 해마다 여름이면 이 망초꽃을 많이 사랑하였다. 내가 밭에 못 나오는 동안 누가 망초 꽃을 바라보며 예찬해 주었을까. 아침 일찍 밭에 들어갈 때는 애잔함이 덜했는데 구슬 같은 땀을 흘리고 불볕더위에 지친 상태로 망초 꽃을 바라보니 더욱 애처로워 보였다.

농사를 지으려면 땀방울을 흘리지 않을 수 없다. 구슬 같은 땀방울을 흠씬 쏟았다. 불덩이 같은 태양 아래서 구슬땀을 흘리고 나니 진짜 농부가 된 것 같다. 어쩌다 하루 밭에 나와 땀 흘려보고 농부의 고통을 말하는 것이 좀 우습지만, 땀 흘리는 이들의 고통을 이해할 수 있을 것 같다. 땀을 흘려본 사람은 땀 흘림의 고통과 노동의 신성함을 알 수 있을 것이다.

이마에서 눈으로 구슬 모양 땀이 흘러내린다. 노동을 할 수 있는 오늘도 감사하다.

누들로드와 홍두깨 칼국수

비 오는 날엔 은근히 먹고 싶은 게 있다. 후루룩 소리를 내며 뜨끈하게 국물까지 먹을 수 있는 칼국수다. 만들기에 좀 번거롭긴 해도 영양가로 보나 맛이나 분위기로 보나 그만이다. 밀가루는 집에 있으니 바지락 1kg만 사면 충분하다. 만드는 재미도 있을 것 같아 바지락 칼국수를 준비하기로 했다.

지난해 서울에서 아들이 내려왔을 때 바지락 칼국수를 만들어 먹자고 했다. 그러나 나는 칼국수 만드는 일에 자신이 없어 밖에 나가서 사먹었다. 아들은 못내 서운한 눈

치였다. 엄마가 만들어 주는 음식이 먹고 싶었다고 했다. 엄마의 손맛이 무척 그리웠나 보다. 그렇지만 나는 바지락 칼국수는 전문가가 만든 것이 더 맛있을 거라는 편견이 있어 칼국수는 항상 간단한 외식거리로 여겼다.

우리 집엔 밀가루 반죽을 늘리기에 안성맞춤인 박달나무 방망이가 주방 한편을 지키고 있다. 올여름 긴 장마 동안 박달나무 방망이로 반죽을 밀어 칼국수 만들기 실습을 많이 해두었다. 아들한테 자신 있게 '엄마표 칼국수'를 만들어 주기 위해서였다.

칼국수를 만들려면 반죽이 중요하다. 질지 않게 반죽해서 랩으로 싸놓은 후 국물을 준비한다. 육수를 넉넉하고 진하게 끓여야 칼국수가 칼칼하니 제맛이 난다. 육수가 끓으면 다시마를 건져내고 굵직하게 채를 썬 면발을 넣고 한소끔 끓이다가 바지락을 넣고, 준비해 둔 애호박과 청량고추를 넣는다. 그러면 알싸한 국물과 쫄깃한 면발이 최상의 맛을 낸다. 뜨거운 칼국수를 먹을 때는 후루룩~ 소리를 내며 먹고, 잔치국수를 먹을 때는 쪽~ 입술로 빨아들이면서 먹어야 제맛이다.

어릴 적 어머니가 만들어주신 홍두깨 칼국수가 떠오른

다. 아버지가 깎아 만든 홍두깨는 배가 약간 나왔지만 미끈하게 잘생긴 도깨비 방망이다. 밀가루 반죽을 홍두깨로 돌돌돌 밀어내면서 한 번 들어 뒤집으면 딱! 소리가 날 때 우리는 깔깔깔 웃으며 박수를 쳤다. 홍두깨를 든 어머니 손이 왔다 갔다 하면 개다리 소반만 한 둥그런 반죽이 만들어지고 그걸 접어 날렵한 손놀림으로 칼국수를 만들어 내는 어머니 손은 그야말로 뚝딱! 도깨비 방망이였다. 구수하고 김이 모락모락 나는 칼국수는 어른도 두 그릇 애들도 두 그릇씩 포식하였다. 가끔 그때가 그리워 이름난 칼국수 집에 가서 먹어봐도 그 맛을 찾을 수가 없다.

올여름은 유난히 장마가 길었다. KBS에서 특별기획 다큐멘터리 〈누들로드〉가 올해 제36회 한국방송대상시상식에서 영광의 대상을 수상하였다. 프로그램 〈누들로드〉는 '국수'의 과거와 현재, 미래를 일목요연하게 보여주는 작품이었다. 세계 음식 전문가들을 통해 한 알의 밀알이 길고 가느다란 국수가 되어 세계인의 식탁에 오르기까지 인류 최초의 '국수'에 관한 기록을 살펴보는 알찬 프로그램이었다. 밀의 역사를 자세하게 알 수 있었다.

특히 세계인들의 식문화에 빠지지 않는 재료로 공동체

를 만들어주는 밀의 변신. 현대인의 미각을 자극하는 미끈미끈하고 기다란 모양의 스파게티는 기묘하고 매혹적이며, 파스타의 환상적인 컬러는 시각적이며 감각적인 진화를 거듭하면서 인류의 식탁에 오를 수 있었다고 한다. 오늘날 패스트푸드점이 늘어나면서 음식 문화는 세계화되고, 외식을 선호하면서 이 땅의 청소년의 문화와 정서에까지 영향을 미치고 있다.

우리나라에서도 예전에는 혼례와 같은 경사스러운 날이면 특별한 의미와 소원을 담는 기원의 음식인 국수를 만들어 온 동네 사람들이 모여 국수잔치를 벌였다. 혼인식 날 부부의 연이 길게 이어지라는 의미로 국수를 먹었다고 한다. 아시아권의 공통점은 좋은 의미로 국수를 먹는다는 것. 밀을 손에 쥔 사람들은 밀을 신의 선물로 여기며 끊임없는 연구개발로 식량난의 위기 극복을 위해 노력해왔고 우리 소비자는 최상의 맛을 즐기며 밀과 함께 살고 있다.

왠지 맛있게 만들 자신이 없었던 칼국수지만, 사랑과 정성을 담으니 먹을 만했다. 오랜만에 식구들이 둘러앉은 식탁, 칼국수 사랑으로 마음이 훈훈했다.

미나리 그 짭짭한 레시피

살랑살랑 흔들리는 푸른 미나리를 보니 성숙한 봄이 성큼 다가온 듯하다. 삼천천 둑길을 걷다가 들녘을 바라보면 끝없이 펼쳐진 미나리꽝이 눈길을 끈다.

발길을 돌려 농로를 따라 걸어간다. 미나리는 추운 겨울에도 물속에서 자란다. 겨울 동안 자란 미나리 수확철이 되었는지 미나리꽝에서 작업하는 농부의 모습도 볼 수 있다. 통통하게 살이 찐 기다란 미나리를 뽑아내는가 하면 그 옆에서는 미나리 수확이 끝난 논을 다시 갈아 미나리 씨를 심고 있다. 비닐하우스 작업장 안을 들여다보니 인부들의 손길이 바쁘다. 미나리를 다듬는 사람, 다발 지어 묶는 사람, 묶어놓은 미나리를 흐르는 물로 씻는 사람, 씻어놓은 미나리를 운반하기 좋게 10묶음씩 크게 묶는 사람 등 분업하여 작업을 한다. 미나리 한 다발이 우리 집 식탁에 놓이기까지 많은 일손이 땀 흘려 일하고 있는 현장이다. 어릴 적 친구들과 봄나물 캐러 논두렁으로 나갔다가 미나리도 캐고 논에 재배한 자운영을 뜯다가 주인한테 들켜 줄행랑을 치곤 했다. 그때 논두렁에서 캔 미나리는 불미나리였다. 아버지께서는 쑥이며 미나리 등 봄나물을 특히 좋아하셨다. 나물을 뜯으러 나갈 때마다 아버지의 환히 웃는 얼굴이 앞장섰다.

봄나물 중에서도 미나리는 요리법이 다양하다. 손으로 꼽자면 제철 식품으로 미나리김치를 꼽을 수 있다. 미나리의 그 짭짭한 레시피는 영양학적으로 굳이 거론하지 않아도 누구나 입맛 당기게 하는 요리법이다. 한약방에 가면 절대로 빠질 수 없는 것이 약방의 감초다. 약방의 감초처럼 한정식이나 가정식이나 대부분 향신료로 쓰이고, 전골냄비나 매운탕이나 윗자리 고명으로 오를 수 있는 양념이 바로 미나리다. 내가 미나리를 좋아하다 보니 우리 집

밥상에 미나리를 종종 올린다. 간장과 갖은 양념으로 조물조물 무치다가 참기름과 통깨를 뿌려 마무리한 나물도 일품이다. 홍어회 무침에도 빠질 수 없는 양념이 미나리다. 김치만큼 흔한 반찬이 없겠지만 미나리김치는 별미 중 별미다. 그 짭짭하고 아삭하며 향긋한 맛은 없는 입맛도 살려내는 전라도 음식이다. 우리 집엔 경북 상주 출신 며느리와 대구 출신 사위가 있다. 그들에게 무엇을 해먹일까 고민할 것도 없다. 경상도에서는 먹어보지 못한 음식으로 식단을 마련한다.

올봄에도 나는 미나리김치를 준비했다. 미나리는 사시사철 나오지만 미나리는 봄에 먹는 맛이 단연 으뜸이다. 미나리 두 단에 부추 한 단, 무와 당근은 채썰고 사과 2분의 1은 갈아 놓는다. 멸치액젓, 새우젓. 다진 마늘, 고춧가루는 맵고 덜 매운 것 식성에 맞게 준비한다. 미나리는 살짝 데쳐 찬물에 헹궈 액젓으로 밑간을 한다. 앞에서 준비한 것들을 섞어 버무리면 미나리김치 짭짭한 냄새가 주방에 가득 찬다. 김치하면 우리 전통 찬이다. 미나리김치 또한 다양한 레시피로 전통이 이어지지 않을까 싶다. 갓 담근 햇미나리김치 한 보시기로 봄철에 집 나간 입맛이 돌아오는 듯하다.

최근 '미나리'가 영화 제목이 되었다. 영화 〈미나리〉는 골든글로브 영국 외국어영화상, 여우조연상은 물론 미국 영화협회 시상식 여우조연상을 차지했다. 배우 윤여정은 미국 캘리포니아주에서 열린 제93회 아카데미 시상식에서 여우조연상 트로피를 품에 안았다. '오스카상'으로도 불리는 미국 아카데미 시상식은 미국 영화예술과학아카데미(AMPAS)가 주관하는 미국 최대의 영화상이다. 티브이에서 수상식을 보며 내 일처럼 기뻤다. 윤여정은 자랑스러운 한국인이며 나는 그의 열렬 팬이다.

〈미나리〉는 미국 제작사가 만든 미국 영화다. 한국계 배우가 열연하고, 한국어 대사가 영화 전반에 흐르며 시련과 극복을 반복하는 우리의 삶과 닮아 있어 의미가 있다. 자식을 도와주러 미국으로 온 순자, 윤여정은 이름도 청순한 순자로 나온다. 하지만 뜻하지 않게 불을 내는 대형사고를 친다. 도와주고 싶은 마음은 태산 같지만, 그마저도 뜻대로 되지 않는다. 자식을 위해 모든 걸 바치며 산 부모님의 이야기는 우리 부모님의 이야기며 나의 이야기다. 영화 속에서 미자는 "미나리는 어디에 있어도 알아서 잘 자라지. 미나리 원더풀."이라고 말한다. 그리고 미나리는 땅에 심고 일 년이 지나면 더 잘 자란다고 했다. 낯선 땅에서 터를 닦으며 외롭고 서글프지만 강한 생명력으로 억척스럽게 뿌리내리는 이민자와 미나리는 너무 닮았다. 살아남기 위해 끈질기에 노력하는 강인한 생존력이 긴 여운으로 남는다.

나는 아파트에서 미나리를 기른다. 아파트에서도 미나리는 잘 자란다. 미나리를 한 다발 사다가 다듬고 튼실한 뿌리를 골라 화분에 심는다. 물을 촉촉이 뿌려주고 햇볕 드는 창가에 둔다. 일주일 정도 지나면 미나리 파란 싹이 향긋하고 예쁘게 올라온다. 그리고 두어 뿌리씩 컵에 담가놓고 물을 준다. 이렇게 하여 주방 창가나 식탁 위에 놓으면 앙증맞은 소품도 되고, 공기정화에도 한몫하며 풋풋한 봄을 느낄 수 있다. 그러나 이 작은 미나리에게도 날마다 생명력을 불어넣어 줘야 한다. 이것 또한 살아 있는 생명인데 어찌 사랑 없이 자랄 수 있겠는가.

양에갓

새벽시장엔 볼거리가 많다. 남부시장 천변에는 공들여 키운 농작물이며 항구에서 밤새 올라온 생선들이 서로 어우러져 진풍경을 이룬다. 남부지방에서 생산되는 소채류 집하장 같기도 하다. 마음이 우울할 때는 재래시장엘 가보라 했던가. 오고 가는 사람들 사이를 비켜가며 한참을 구경하는데 잘생긴 갈치가 눈에 들어온다. 제주도 은갈치, 부산 먹갈치, 군산 갈치가 간택을 기다리고 있다. 미끈한 몸통이 신선해 보이는 부산 먹갈치를 선택했다. 벌써 고소한 갈치 굽는 냄새가 코끝을 스친다.

이번에는 보라색이 눈에 띄었다. 양에갓이다. 처서가 지나고 가을바람이 불기 시작하면 추석 전후로 양에갓이 출하되는데 올가을에는 일찍 나온 듯하다. 양에갓 그 향이 코끝을 간질이며 침이 확 돈다. 양에의 넙죽한 잎은 작렬하게 내리쬐는 태양열을 온몸으로 받아들여 뿌리를 붉게 물들이며 키워낸다. 뾰족이 올라오는 양에갓은 뿌리가 피워내는 꽃이다. 한 치의 오차도 없이 서늘바람이 일기 시작하면 살포시 얼굴을 내민다. 시장을 쭉 둘러보았는데 딱 한곳에 있었다. 두 그릇이 있었는데 하나는 큰 그릇이고 하나는 조금 작은 그릇이다.

"양에갓 얼마예요?"

"하나는 만 원 또 하나는 5천 원인데 그냥 모두 만 원만 주세요."

인심 좋은 주인이 양에갓을 비닐봉지에 담아주었다. 제법 묵직하다. 양에갓은 어렸을 적부터 먹어 왔던 음식이다. 특히 추석 음식으로 산적을 만들어 차례상에 올렸다. 전라도 사람들이 즐겨 먹는 음식으로 안다. 어서 집에 가야지. 발걸음이 부산해졌다.

양에갓이 표준말인가 싶어 검색을 해보니 양하라고 나

온다. 제주도나 전라도에서 생산되는데 향토 음식으로 먹기 이전에는 약제로 쓰였다고 한다. 양에는 전라도 식재료다. 우리 가족은 경상도에서 온 사람이 두 명이나 있다. 세상에서 하나뿐인 우리 사위는 대구 사람이고 세상에서 제일 예쁜 우리 며느리는 경북 상주가 고향이다. 며느리는 양에를 처음 먹어 보는데도 향이 특이하고 맛이 있다고 잘 먹는다. 출생지도 사는 곳도 다른데 취향과 입맛을 맞추려고 노력하는 것 같아 고맙고 잘 먹으니 예쁘다. 우리나라 땅의 계절 음식인데 지역이 따로 있겠는가. 양에는 생강과의 뿌리채소이고 붉은색이라 그런지 심장에 좋으며 혈관에 이로움을 준다고 한다. 그래서 내 시선이 양하에 꽂힌 것일까.

어린 시절 어머니를 따라 대나무밭 옆으로 양에 순을 따러 갔었다. 어머니는 봄이면 양에의 어린순을 따서 살짝 데쳐 나물을 만들었고 백설기를 찔 때면 넓은 잎으로 시루 구멍을 막았다. 백설기에 양에 향이 배어들어 향기로운 떡이 되었다. 추석에는 양에갓으로 산적을 만들어 제사상에 올리고 한 꼬지씩 들고 먹었던 기억이 있다.

양에의 정갈하고 독특한 향은 여느 채소와는 다르다.

양에갓 산적은 차례상에 올리거나 가족을 위해서 만들었지 내가 먹고 싶어서 만들기는 처음이다. 입덧하듯 갑자기 먹고 싶어졌다. 고향이 그리워서였을까. 양에갓 한쪽. 고기 한 점, 파 한 조각 이렇게 세 가지를 교차로 끼어 꼬지를 만들어 찌고 전을 지졌다. 집 안에 나 혼자 있음에도 잔칫집처럼 고소하고 양에 향기로 가득하다. 오늘은 누구를 좀 초대해 볼까.

생활에 여유가 생겼음일까. 이제는 내가 먹을 것도 예쁘게 정성으로 만든다. 매일 하는 밥도 귀찮게 여겨지지 않고 기꺼이 즐거운 마음으로 시간을 투자한다. 그러고 보니 나는 향이 짙은 음식을 좋아한다는 것을 알게 됐다. 이 가을에 양에갓을 만나 내 손이 바쁘다. 새벽시장에 또 가봐야겠다. 소중한 나의 몸을 위하여.

경기전의 오후

정문 하마비 앞에 잠깐 발길을 멈췄다. 하마비를 받치고 있는 사자상에 인사도 할 겸 옷깃을 여미었다. 홍살문을 지나 안으로 들어가니 매화 향이 코끝을 스친다. 고결하게 피어 있는 고매를 만나기 위해 발길을 재촉한다. 언제나 변함없는 고매古梅. 고목으로 등걸 아래 뻗어 내린 수많은 가지에도 봄이 매달려 있다. 이 가운데 푸른색이 돌 정도로 투명한 백색의 꽃잎이 청아하게 반긴다. 겹쳐 피는 겹청매는 줄기가 구부러져 누워 자라는 와룡매다. 마치 용이 비상하기 위해 땅을 차고 솟구치는 형상을 하고 있어

'용매'라 불리는 대표적 수목이다. 용매의 고결함이 슬프도록 아름답다.

매화는 꽃 중에 가장 먼저 피어나 봄이 오고 있음을 알리는 봄의 전령으로 제일춘第一春으로 불리는 꽃이다. 늙은 매화 옆에는 홍매화가 화려한 자태를 뽐내고 있다. 상춘객들은 홍매화 앞에서 연인들끼리 혹은 어머니의 손을 잡고 다정하게 사진을 찍는다.

옥색 두루마기를 입은 낯익은 신사분이 고매 옆에서 자세를 취하고 계셨다. 고매가 피었다는 소식을 듣고 취재진과 사진을 찍기 위해 나오셨단다. 조선왕조 마지막 황손이자 〈비둘기집〉을 부른 가수 이석 님이었다. 정중히 인사를 하니 무척 반가워하셨다. 황손을 알아봐주어 고맙다는 묵례로 답을 하셨다. 잠시 대화를 나누고 기념사진도 찍고 싶었지만, 일행과 함께여서 서로 인사만 하였다. 이석 님은 한옥마을 승광재에 거주하면서 한옥마을을 찾는 관광객들에게 조선왕조에 관해 설명하고 안내를 하면서 기념촬영도 기꺼이 한다고 했다. 전주시가 태조 이성계의 황손인 이석 님에게 전주 한옥마을 집 한 채를 생활의 터전으로 제공했다고 한다. 조선왕조는 역사적 전개 과정에서 크고 작은 부침을 겪으면서 지금까지 뿌리를 이어오고 있다. 오랜 세월의 흐름 속에서도 경기전은 조선왕조의 역사를 증거하고 있다.

경기전 너른 마당 곳곳에는 하늘을 닿을 듯 키 큰 은행나무와 느티나무들이 어깨를 마주하고 있다. 아직은 때 이른 봄이라 노거수들이 앙상하지만 그 위엄은 느껴진다. 정문 쪽과 후문 쪽에 있는 홍살문이 왕실의 권위를 상징하듯 붉은색으로 햇빛을 받아 눈길을 끈다. 홍살문을 바라보노라면 왠지 마음이 경건해진다. 경기전의 규모는 그리 웅장하지 않지만 고목과 고풍스런 기와지붕이 서로 잘 어우러져 이곳이 옛 궁궐의 터진임을 느낄 수 있다.

구중궁궐과도 같은 정숙함 속에 소나무숲을 지나는 바람소리 더욱 청아하고 창공을 가르는 새소리는 신비스럽기만 하다. 경기전은 이러한 고풍스러운 분위기와 더불어 고전적인 아름다움이 있다. 〈용의 눈물〉 같은 굵직한 사극이나 영화의 촬영 장소로 각광을 받았다. 후원을 걷다 보면 그 시대 숨죽이며 살았을 여인네들의 고달픈 삶이 느껴진다. 나는 고즈넉한 소나무가 보고 싶어 한가한 날 이곳에 들른다. 소나무 후원에서 두어 바퀴 걸음을 옮기다 보면 어디선가 시녀를 거느린 왕비가 고고한 자태로 저만치에서 걸어오는 듯하다. 오후의 햇볕이 따뜻하게 어루만지는 등을 구부려 예를 갖춘다.

참비름 나물

더위를 피해 새벽 시간 밭에 나오니 공기가 싱그럽다. 개망초 꽃이 밭으로 가는 길가에 줄지어 피어 있다. 이른 아침에 보는 꽃과 노을빛을 배경으로 핀 꽃 중 어느 것이 더 예쁠까? 마음으로 저울질하며 걷는 사이 바짓가랑이가 이슬로 흥건히 젖었다.

집에서 나설 때는 지금쯤 밭에 가면 별로 할 일이 없을 거라고 생각하면서도 혹시나 해서 김밥과 과일로 아침 도시락을 준비했다. 들깨 씨를 뿌리고 싹이 나지 않아 방치해 뒀는데 한 이틀 비를 맞고 예쁘게 자라고 있었다. 이것들을 고르게 잘 솎아줘야 제자리를 찾을 것이다. 밭고랑에도 명아주와 참비름이 마치 씨를 고르게 뿌린 것처럼 돋아나 자라고 있었다.

하늘에서 비가 내리지 않으면 씨앗은 싹도 틔우지 못하고 메말라 버린다. 과학기술의 힘으로 양수기가 발달하여 물을 끌어다 농사를 지을 수 있지만, 극심한 가물철엔 해갈되지 않는다. 푸석한 땅에 약비가 내리니 벼들과 밭작물에 푸른 생기가 넘실거린다. 자연의 힘은 참으로 거대하다. 가물어 논바닥이 갈라지고 밭작물이 타들어가도 인간의 힘은 한계가 있다. 상수원이 바닥을 드러내니 식수마저 걱정이다. 지구촌 다른 곳에서는 홍수가 나서 구원의 손길을 기다리고 있다는데 우리나라는 비를 애타게 기다리고 있었다. 그런데 축복의 비가 내려 가뭄이 해갈되고 있다. 자연은 모든 생명체의 구원이다.

촉촉한 땅에서는 식물이 너도나도 잘 자란다. 식물도 사람과 마찬가지로 종류마다 개성이 있다. 비를 좋아하는 식물이 있는가 하면, 비를 싫어하는 식물도 있다. 식물의 개성과 땅의 조화는 농사짓는 사람을 잘 만나야 선을 이룰 수 있다고나 할까. 세상에 쓸모없는 것은 아무것도 없다 한다. 잡초도 필요에 의해 존재하고 참비름도 마찬가지다. 잡초지만 뽑아내지 않았다. 오히려 씨를 받아 고루 뿌려주었다. 어린 싹은 더디 자라지만 줄기가 굵어지면 가지를 무성하게 뻗어 곁가지가 한없이 돋아난다. 아무리 이른 아침이라 해도 이마에서 땀방울이 떨어지기 시작한다.

명아주도 마침 알맞게 자라서 연하고 보드랍다. 이런 한해살이 잡초들을 전에는 마구 뽑아서 내던져버렸다. 그러나 이제는 나물로 먹는다. 연한 명아주를 펄펄 끓는 물에 데쳐서 깨끗이 헹궈 고추장과 된장 참기름 깨소금으로 무쳐내면 이 또한 별미다. 오늘은 명아주와 침비름이 많아서 이마에 땀방울을 닦으며 뜯었다. 이 나물들을 삶아서 말려둘 요량이다. 볕이 좋아 한 이틀만 말리면 될 것이다.

참비름은 차가운 성분이 있지만 데쳐서 먹으면 배설에 도움을 주고, 염증성 질환에 효과적이고 시력이 좋아진다고 하니 믿어 의심치 않으리라. 또한, 비타민C가 풍부하여 《동의보감》에서는 줄기, 잎, 씨앗이 좋은 약재로 쓰였다고 한다.

눈 내리는 동지섣달 말려두었던 명아주와 참비름을 다

시 삶아서 맛있게 볶아 놓고 누구를 부를까? 이런 나물들과는 찰밥이 잘 어울리겠지. 다른 반찬은 있어 무엇하리. 차 한잔 곁들이면 금상첨화리라. 이런저런 생각을 하면서 더운 줄도 모르고 나물을 한 포대나 뜯었다. 밭 한쪽에는 명아주를 뽑아내지 않고 튼튼하게 키웠다. 청려장을 만들어 내가 짚고 다닐까? 아니면 어느 걸음이 불편한 분에게 선물을 할까. 그런 날이 어서 왔으면 좋겠다. 나물 밭에 있으면 품이 넓어지는 것 같다.

밥 잘하는 남자

입식 부엌으로 바뀌고 아파트 생활이 보편화되면서 한국 사회도 남자가 주방을 거리낌없이 드나들기 시작했다. 나의 건강이 나빠지면서 우리 집 남편도 주방과 친하게 되었다. 아침 기상이 늦어지면 하루의 낮 길이가 더불어 짧아진다. 떠오르는 아침해를 직접 눈으로 바라보면 불면증이 해소된다고 하여 아침 햇살을 받으며 잠깐씩 운동을 했다. 자연히 밥을 해야 하는 시간이 운동하는 시간대와 겹치게 되면서 남편은 서툴지만 밥을 하게 되었다.

집안일이 대충해서 되는 일이 아니라는 것을 집에서 밥

하고 살림을 해보지 않은 사람은 모른다. 매일 하는 일인데 밥물 하나 제대로 못 맞춰서 어느 날은 고두밥에 어느 날은 죽밥에 도무지 이해를 못하겠다는 푸념을 여자들은 종종 한다. 솥뚜껑 운전사가 그리 쉬운 줄 아느냐고 반박도 해본다. 자동차 운전보다 솥뚜껑 운전이 더 어렵다. 정말이지 조금만 한눈팔면 온 가족이 먹어야 할 밥을 망친다. 진심 어린 사랑을 담아 정성으로 임해야 한다. 밥하는 일이 아무것도 아니고 대충하는 일 같지만 정확한 지식보다 촉감과 감각이 고도로 발달해야 한다. 어디 밥뿐인가. 쌀밥은 어떤 국과 반찬이 어울리고, 잡곡밥은 또 무슨 반찬과 궁합이 맞는지 공부를 하루도 멈추면 안 된다. 장수시대에 건강 밥상을 차리기 위해선 잔머리를 굴리며 쉴 새 없이 노력해야 한다.

가끔 예능프로그램 요리 시간에 훤칠한 남자 요리사가 하얀 긴 모자를 쓰고 출연해서 요리하면 멋스러워 보인다. 멋진 솜씨를 배워볼까 TV 앞에 바짝 다가앉는다. 언제부터 요리 공부를 시작해서 요리의 달인, 인기 있는 셰프가 되었을까.

나는 아들에게 밥하는 것을 가르칠 기회가 없었다. 어디

아들뿐인가 딸도 그렇다. 그래서 마주하게 되면 메뉴 몇 가지를 정해놓고 자신 있게 밥을 할 수 있는 남자가 되라고 이른다. 그래야 사랑받고 존경받는 남자가 되는 법이라고. 우리 집에서는 명절날 아들 내외와 딸네 식구가 모이면 남자들이 돌아가면서 설거지를 한다. 남편도 예외는 아니다. 주방 일이란 것이 누가 옆에서 도와주고 같이하면 훨씬 수월하고 빠르게 상도 차릴 수 있다. 남자는 TV 보고 여자는 주방에서 혼자 계속 동동거리는 모습은 이제 전설로 남아 있기를 바라는 마음이다.

코로나 시대에는 추석도 반납하라는 메시지가 수북하다. 이젠 100세 시대다. 백세 시대는 자기돌봄, 즉 자신의 돌봄이다. 건강한 삶을 영위하려면 서로를 아껴주는 마음으로 여자일 남자일을 구분되어서는 아니될 것이다. 그러므로 자신과 가족의 돌봄은 행복한 백세 시대의 여정이다. 가족의 화목을 위해서 남자들도 주방과 친해져야 한다.

요즘은 달그락 소리도 없이 잡곡밥을 촉촉하게 하는 기술이 늘었다. 수없는 시행착오를 거쳐 밥 잘하는 그는 나의 든든한 버팀목이다.

큰나무 왕버들

달맞이꽃이 제방길에 지천으로 피어 있고 앞에는 원평천이 흐릅니다. 김제 봉남 종덕리 성덕마을. 마을 입구에 우람하고 듬직한 나무 한 그루. 왕버들 큰 나무가 하늘을 찌를 듯 서 있습니다. 언제부터 그 자리에 있었는지 알 수 없지만, 언니네 집에 들어가기 전 왕버들에게 인사부터 합니다.

왕버들은 버드나뭇과에 속하는 나무로 우리나라를 비롯해 동남아지역 따뜻한 곳에서 자라며, 잎도 넓어서 왕버들이라 불리고, 잎이 새로 나올 때의 새싹은 붉은빛을 띱니다. 나무의 풍체가 덕스러워 보이고 특히 진분홍색의 촛불 같은 새순이 올라올 때는 더욱 아름답습니다. 언니가 보고 싶을 때면 왕버들 나무도 바짝 궁금해집니다. 내가 어렸을 적에는 우리 집에서 언니 집에 갈 때면 걸어서 갔습니다. 신작로를 지나 지름길인 논두렁으로 달려갔습니다.

다홍치마를 입고 성덕마을로 시집 간 언니의 결혼생활이 어느덧 60년이 지났습니다. 왕버들 나무와 더불어 살아온 세월이 왕버들의 옹이만큼이나 깊고 넓은 품으로 무게 있게 느껴집니다. 농사를 천직으로 알고 사 남매를 낳아 훌륭하게 키워낸 언니의 생애, 애오라지 자식을 위해 애면글면 동분서주하며 젊음을 바쳤습니다. 왕버들은 당산나무로서 마을 어귀에서 언니와 형부의 하루하루를 지켜보며 응원했을 것입니다. 피와 땀으로 역사를 만들며 한 생애를 살아낸 삶이 녹록지 않았을 터이니 어찌 좋을 일만 있었으리오. 때로는 한숨이 깊고 땀방울처럼 굵은 눈물을 뚝뚝 흘린 날도 있었겠지요. 추수가 끝난 황량한 들판에 허옇게 쌓인 눈을 보면서도 감성에 잠기기보다 벌써 봄의 대지에 못자리 싹을 틔울 준비를 했습니다. 부지런함은 어느 누구도 따라올 자 없었지요.

그렇게 농사를 지어 기른 장성한 아들딸 사위 며느리가 여덟이고 그중 박사 아들 며느리도 있고 여덟 손자를 둔 대가족의 훌륭한 어머니입니다. 이영자라는 이름보다 거구 엄마로 살면서 자식들 가르쳐 보람된 노후를 보장받으리라 믿었는데 언니는 허리와 무릎의 통증으로 힘겹게 지내고 있습니다. 티브이 〈인생극장〉에 나올 법한 사연들을 왕버들 큰 나무는 기록하며 기억하고 있겠지요. 좀더 건강하고 기력이 좋을 때 언니 팔짱 끼고 여행 한 번 못 간 것이 두고두고 후회됩니다. 왜 사람은 지나고 나서 후회할까요? 언니와 더불어 늙어가면서 세월의 덧없음을 가슴 깊이 느낍니다. 언니는 우리 집 형제 칠 남매 중 맏이로 나에게는 친정어머니 같은 존재입니다. 내가 첫아이 가졌을 때 쑥송편을 만들어 머리에 이고 친정어머니처럼 오셨더랬지요. 그때 나는 쑥송편을 아무도 안 주고 혼자서 모두 먹겠다고 했지요. 울 언니가 만들어온 떡이니까요.

언젠가 쪽빛 하늘 아래 황금벌판이 하도 고와 형부와 언니를 모시고 콧바람 쏘이러 지평선 너른 벌판으로 나갔습니다. 코스모스가 흐드러지게 핀 꽃길에서 서로 기념사진을 찍고 맛있는 점심도 먹으며 또 머지않아 나들이를 하자고 했는데 세월이 덧없이 흘러 약속을 못 지켰습니다.

예전에 우리 아이들을 데리고 언니 집에 가면 왕버들 나무 아래서 놀기도 했는데 이 나무는 잎이 무성해서 그늘이 짙고 넓었습니다. 마을 사람들은 왕버들 나무를 당산나무라 불렀습니다. 마을을 지키는 수호신으로 나뭇가지 하나만 잘라도 집안에 나쁜 일이 생긴다고 믿었습니다. 이 땅의 큰 나무는 우리 삶의 역사이며 자연과 인간이 공존하는 아름답고 고요한 증표이지요. 수백 년을 살아온 당산나무는 우리들의 고향이며 삶으로 마음속에서 오롯이 살아 있습니다.

평생을 당신나무처럼 남편과 자식을 위해서 산 언니의 삶은 이 가정의 당산나무입니다. 언젠가는 농촌의 버거운 삶을 벗어나리라 기대도 했는데 차마 떠나지 못했음은 언니의 운명이었던가 봅니다. 이제는 오히려 평안함을 주는 사계절이 포근한 안빈낙도의 삶이라 믿어집니다.

김제 들판에서 때로는 초록의 청춘인 듯, 때로는 모진 세월 견디어낸 원숙한 여인인 듯, 거기 그 자리에서 언니와 더불어 장수의 축복을 누리며 수수만년 버티어 아름다운 생을 갈무리하기를 축원합니다.

언어의 유희

며칠 동안 전국이 영하권으로 내려가 몹시도 추웠다. 어서 포근한 봄이 오기를 식탁 위 매화 그림을 보며 기다린다. 나는 아침에 일어나면 바깥세상이 무척 궁금하다. 하늘은 맑은지 미세먼지 초미세먼지는 어떤지. 멀리 모악산이 선명하게 보이면, '아! 오늘은 미세먼지 없이 대기질이 깨끗하겠구나.' 안심하면서 하루를 시작한다.

코로나19로 집에서만 생활하는 요즘 찾아가는 곳이 있다. 어린이들에게 이야기를 들려주기 위해서 유치원에 간다. 유치원은 정규 교육 안에서 긴급 돌봄교실로 운영되고 있다. 유치원에 갈 때는 화장을 곱게 했는데 이제는 마스크를 쓰니 그럴 필요가 없다. 옷을 단정하게 생활한복으로 입는다. 겨울방학 동안 쉬면서 빨간색 저고리를 손수 지었다. 간단한 디자인으로 지어 입은 첫날이다. 나이 들어서도 어린이 교육에 일조하고 봉사를 할 수 있어 감사하다. 시간에 맞춰 유치원에 가면 아이들은 선생님의 지도로 질서 있게 마스크를 쓰고 앉아 이야기 들을 준비를 하고 있다. 재잘대며 에너지 넘치는 아이들은 마스크가 불편하고 답답할 텐데 잘 견디고 있다. 어서 코로나가 종식되어 마스크 쓰지 않은 활짝 웃는 아이들의 얼굴을 보고 싶다. 이야기는 주로 선현 미담이나 전래동화, 옛날이야기다. 이야기를 들려줄 때는 책의 내용을 외워서 책을 보지 않고 자연스럽게 대화체로 풀어서 한다.

오늘은 여섯 살 아이들의 첫 번째 수업이었다. 방학을 마치고 설레는 마음으로 교실에 도착했다.

"할머니, 왜 이렇게 오랜만에 오셨어요?"

"응. 겨울방학이었고 또 코로나19 때문에 오지 못했어요. 우리 친구들 많이 보고 싶었어요. 오늘 이야기 궁금하죠? 오늘 이야기는 〈의로운 선비 정협〉 이야기예요. 이야기 속으로 출발해 볼까요?"

이야기를 끝내고 마침 인사를 하고 나오는데 맨 앞줄에 앉은 남자아이가 웃으며 불렀다.

"할머니! 빨간색 한복이 너무너무 예뻐요. 꼭 빨간 장미꽃 같아요."

"오! 그래요. 고마워요. 우리 친구 마음이 빨간 장미꽃처럼 예쁘구나."

마음 같아서는 꼭 안아주고 싶었지만 코로나19가 무서워 거리 두기를 지켜야 했다. 이제 여섯 살 아이가 의사표현을 참 잘한다는 생각이 들었다. 아이들은 계산하지 않고 마음에서 나오는 말을 한다. 가끔 아이들의 말을 들으면서 놀라곤 한다. 어떻게 예쁜가를 '빨강 장미꽃 같아요.'라고 말한 아이의 따뜻한 마음이 내게로 포근히 와 닿았다. 고운 말은 세상에서 가장 좋은 선물이라고 하였다. 이 아이는 다음에 어른이 되면 글을 쓰고 아름다운 시를 쓰지 않을까 하는 기대감마저 든다. 이야기 수업이 끝나고 아이들과 친밀감을 나누는 시간이 없다. 주어진 시간 내에 마쳐야 한다. 이야기 외우기가 조금 버겁지만 아이들 앞에만 서면 모든 시름 다 잊고 저절로 이야기가 술술

풀어진다. 아이들한테서 생기와 에너지를 팍팍 얻기 때문이리라.

정말 빨간 장미꽃 다발을 가슴에 안은 느낌이다. 어느 아동학자는 5, 6세가 되면 정상적인 아이는 특별한 환경이 아니어도 모국어를 구사할 수 있다고 했다. 아이들은 철없는 말이 아니라 어른이 배워야 하는 말도 곧잘 한다. 어려서부터 긍정적인 말을 듣다 보면 생각과 표현도 밝아지리라. 언어는 사회의 기호이다. 다른 사람과 의사소통을 원활히 할 수 있게 하고 특히 아동의 지능 발달에 중요한 역할을 한다. 사람은 긍정적 사고의 틀에서 생활하면 긍정의 에너지가 분출된다. 한마디 말을 하더라도 들어서 좋은 말 누가 들어도 고운 말, 상대방을 격려하고 축복하는 말을 하면 우리 사회가 더 밝아질 것이라 여겨진다.

우리 손녀는 코로나19가 나타난 이후 영상으로만 보고 만나본 지 꽤 오래되었다. 손녀가 오면 먹이려고 백김치를 정성들여 담았는데 오지 않아서 택배로 보내줬더니 먹어보고 아이가 감탄사를 연발하는 모습을 영상으로 보내왔다.

"할머니가 보내준 김치 맛이 어때?"

에미가 물으니 시원이가 답한다.

“기분이 날아갈 것 같고, 세상에서 먹어본 맛 중에 최고예요. 그 어떤 맛보다도 백배 천배 만배 무한 배로 맛있어요!”

손녀는 곧 초등학교에 입학할 나이다. 어떻게 즉흥적으로 이렇게 말을 잘할까. 긍정적 메시지를 어디서 듣고 따라 했을까. 나는 정말 깜짝 놀랐다. 처음에 무슨 말인가 하여 아이가 말하는 영상을 보고 또 보고 나서야 알아들었다. 할머니를 기쁘게 하려고 자기가 할 수 있는 칭찬의 말들을 구사한 것이리라. 잘 익은 백김치 맛보라고 보냈는데 이렇게 어린 손녀한테 최고의 격려와 감사의 인사를 받고서 나는 할 말을 잊고 웃기만 했다.

사람이 일상에서 가장 많이 사용하는 것은 언어가 아닐까. 언어에는 생명력도 있고 색깔도 있으며 감정도 있다. 말하는 사람과 듣는 이의 마음이 다를 때도 있다. 서로의 내면을 살피면서 해야 긍정의 언어가 된다. 언어의 영향력은 위대하다. 축복의 언어는 상대방을 축복하면 자신에게도 축복의 미소가 되어 돌아오는 마력이 있다.

어린아이가 해준 빨간 장미꽃 같다는 한마디 말은 내게

행복 바이러스가 되었다. 유아에게도 언어를 창조해내는 힘이 있고, 그 창조력은 꾸준히 발전되어야 마땅하다고 생각했다. 오늘 내 맘에 새겨진 이 행복 바이러스를 나는 또 다른 사람에게 전해야 함을 안다. 오늘은 꽃집에 들러 빨간 장미꽃을 한 다발 사야겠다.

3부
지금 이 순간

대문호 톨스토이는 《세 가지 의문》에서 모든 일에서 가장 적절한 시기는 언제일까? 어떤 인물이 가장 중요한 존재일까? 세상에서 가장 중요한 일은 무엇일까? 라고 했습니다.

가장 중요한 사람은 지금 내가 대하고 있는 사람입니다.

세상에서 가장 중요한 때는 바로 지금입니다.

이름 짓기

참 좋은 세상이다. 직접 가지 못하고 먼 거리에서 애만 태우는데 영상으로 이렇게라도 볼 수 있으니 얼마나 좋은 세상인가. 눈보라 치고 날씨가 너무 추워 걱정을 많이 했는데 실내는 따뜻하게 온도를 맞춰준다니 이 또한 고맙기 그지없다.

겨울 추위가 절정에 이른 1월 초순, 기다리고 기다리던 손자가 태어났다. 여느 때 같으면 상경해서 축하해주고 잘생긴 손자도 안아볼 텐데 어려운 시국이라 스마트폰 동영상으로 안부를 전해왔다. 다행히 순산하였고 세상에 태어났다고 우렁차게 울음을 터트리는 모습을 보며 안도의 가슴을 쓸어내렸다. '아가야! 할아버지 할머니의 손자로 와주어서 고맙다.' 한 사람이 온다는 것은 어마어마한 일이다. 단지 한 사람이 아니라 그의 과거와 현재와 그리고 미래가 함께 오기 때문이다. 정현종 시인의 〈방문객〉이란 시의 한 구절이 스쳐갔다.

한 사람, 한사람의 일생과 미래가 이 우주 안에서 생동한다고 하지 않는가. 우리 손자가 많고 많은 사람 중에 제 부모의 자식으로, 우리 집 손자로 찾아왔다. 이 벅찬 감정을 어찌 말로 표현할 수 있으랴. 건강하게 태어나서 더욱 감사하고 가족이 되었으니 감사하다. 마음속 깊이 아기를 위해서 기도한다. 사랑할 사람이 또 한 명 늘었으니 감사하다. 마음이 설레고 이렇게 행복해도 되는가 싶다. 지금 우리 아기에게 무엇을 바라고 말하겠는가.

이제 우리 손자에게 이름을 지어줘야 한다. 모든 자연과 사물과 동식물과 인간은 제각각 이름이 있다. 이름 안에 사람의 길함과 건강과 부귀영화가 깃든다고 하니 심사숙고해야 한다. 예로부터 이름은 가문을 빛내기를 바라며 항렬을 따라 지었다. 부모님께서는 내 이름도 여자지만 항렬을 따라 길 영永 자를 붙여 지어주셨다. 아들 역시 항렬자로 동녘 동東 자로 지었다. 우리 딸 이름은 부르기 좋고 기억하기 좋은 예쁜 이름이었는데 어릴 때 놀림을 받기도 했다. 그러나 어른이 되고 보니 잘 지은 것 같다고 했다. 우리 내외의 마음을 온통 차지했던 사랑스런 외손녀 이시원도 제 부모가 지은 이름이다. 이름 짓는 일은 여간 어려운 일이 아니다. 나는 내 이름이 마음에 든다. 비단 금錦과 길 영永이다. 뜻은 잘 모르겠고 그냥 이름이 좋다.

손자의 이름 지을 생각을 하면 가슴이 두근거린다. 요즘 젊은 세대는 항렬로 짓는 것보다 많지 않은 귀한 자식 이름이니 작명가에게서 짓고 싶어한다. 하지만 손자를 보고 무슨 이름을 지어줄까 고민하는 것은 행복한 고민이란 생각이 들었다. 눈만 뜨면 날마다 머릿속에 어떤 이름으로 지을까 고심하다가 제 부모에게 맡기기로 결정했다. 자식 잘되기를 바라는 마음은 조부모보다 친부모가 더할 것이라 생각하며 마음의 부담을 덜었다.

매일 보내오는 동영상을 보면서 미소를 짓는다. 한겨울 추운 날 태어나서 따뜻함을 뜻하는 날 일日 자가 들어 있는 이름을 지었다. 이름만 들어도, 이름을 부르기만 해도 따뜻함이 전해온다. 신민호申旼昊. 아침에 눈 뜨면 환하게 웃는 아기 사진을 보고 웃고, 잠자기 전에도 보고 또 웃는다.

21세기 아가들이 살아야 할 세상은 지금보다 좋아졌으면 하는 바람이다. 우리 손자가 사용해야 할 지구다. 좀더 깨끗하게 사용해서 후손이 건강하게 살 수 있는 지구로 물려주어야 할 텐데 걱정이다. 이제 남의 일이 아니다. 나부터 재화를 아끼고 절약정신을 키워야겠다.

우리 민호는 맑은 하늘, 깨끗한 공기와 편견 없는 건강한 세상, 아름다운 금수강산에서 자랐으면 좋겠다. 몸과 마음을 다해 창조주이신 주님께 기도드린다. 어서 코로나가 종식되어 우리 손자를 직접 만나 안아볼 수 있게 하시고 씩씩하게 잘 자라며 세상의 모든 아기들이 행복하게 자랄 수 있게 해주시기를.

휴가

더위를 피해 시원한 곳으로 떠나는 휴가철이다. 그러나 올여름에는 딱히 가보고 싶은 휴가지가 없다. 에어컨과 선풍기로 더위를 식히며 사랑하는 가족들과 오붓하게 지내는 것도 보람 있는 휴가가 될 성싶다.

아들네 식구가 올 들어 한 명 늘었다. 우리 귀한 손자 신민호가 태어나 7개월이 되었다. 아들네 가족 세 명이 여름 휴가지로 우리 집을 선택하여 내려온다니 이보다 더 반가운 일이 어디 있겠는가. 손자가 보고 싶어도 가지 못하는 마음을 아들이 헤아려주니 고맙다. 손님이 온다니 대청소를 해야 한다. 청소도 깨끗이 하고 이불도 모조리 세탁하여 손님맞이 준비를 마쳤다. 가족이 모이면 먹거리가 문제다. 열무김치 고구마순김치를 맛깔나게 담가놓고 밑반찬 몇 가지를 만들었다. 가장 중요한 일은 우리 민호 이유식 준비다. 아이를 키워 본 지가 오래되었으니 다시 이유식에 대해 공부를 해야 한다. 드디어 기다리고 보고 싶었던 손자가 도착했다.

반짝반짝 작은 별 아름답게 비치네! 아기를 보면서 동요를 부르고 까꿍!도 하면서 반갑게 맞이하니 아기가 방긋 웃는다. 낯가림을 하면 어쩌나 싶어서 선뜻 안을 수가 없었는데 자다 깨어서 눈을 뜨고 빤히 바라본다. 낯선 사람들이 갑자기 많아졌으니 낯가림을 할 수밖에. 눈 한 번 깜박이지 않고 뚫어져라 바라보며 울지는 않는다. 오! 다행이다. 백일 기념일에 보고 사귀었지만 지금까지 기억이 남아 있지 않겠지. 일단 첫 대면이 순조롭다. 아기 앞에서 손을 펴고 반짝반짝 손 유희를 하니 아기가 긴장이 풀리는 듯했다. 민호는 남자지만 잘 웃는다.

아기들은 할머니는 그다지 경계하지 않는 듯싶은데 할아버지는 영 낯설어하는 표정이다. 금방 울 듯이 이마를 찌푸리고 바라보니 할아버지는 난처할 수밖에 없다. 자기

집에서 외할머니와 유모차를 타고 공원에 가면 할머니들을 더러 만나는데 방긋방긋 잘 웃고 놀았다고 한다. 그런데 할아버지는 가까이 뵙지 않은 터라 쉽게 사귀지 못하는가 보다. 할아버지가 옆으로 돌아가면 머리를 젖히고 바라보며 기어이 울어버린다. 그렇게 이삼 일을 보내고 나니 할아버지와도 친해졌다. 손자가 예뻐서 안고 찍은 사진이 딱 붕어빵이다.

처음 오던 날은 배로 밀면서 겨우 기어 다니더니 이틀이 지나니 재빠르게 방바닥을 누비며 자기가 가고 싶은 곳을 향해 돌진한다. 잠시도 가만있지 않고 여기저기 호기심 따라 몸을 마음대로 움직이며 잘도 기어 다닌다. 아기의 눈에 호기심 어린 것들이 어디 한두 가지랴. 무엇을 먼저 만져볼까. 목적을 향해서 손을 뻗어 움켜잡으면 입으로 무조건 집어넣는다. 먹어봤자 아무 맛도 없는 것을 기어이 질근질근 두 개 나온 앞니로 깨물며 간을 보고 맛을 본다. 아기들의 본능은 젖을 빨 듯 무조건이다. 공갈 젖꼭지도 아무런 맛도 없는데 다만 혀에 올려놓고 빠는 재미일 것이다. 요즘은 치발기라고 손으로 움켜잡고 앞니로 씹을 수 있는 위생적으로 만든 아기용품도 있다.

귀엽고 사랑스런 민호야, 위험한 것은 손대지 말고 만져

볼 수 있는 것은 모두 다 만져보고 느끼고 감각을 키우렴. 손으로 붙잡고 눈을 깜빡거리며 요리조리 살펴본다. '이게 어떻게 생겼나. 뭐하는 거지? 맛 좀 보자.' 말은 못해도 생각을 많이 하리라. 저 작은 손으로 욕심껏 움켜쥐고 손에서 떨어지면 어쩔 줄 모른다. 다음에 이 작은 손이 어른이 되면 어떤 일을 할지. 부디 좋은 손이 되기를 민호를 위해서 날마다 기도한다.

민호는 순해서 더욱 예쁘다. 배고프다고 칭얼댈 때 얼른 분유를 먹이지 못하면 악다구니를 쓰고 배부르면 껄껄 웃으며 잘 노는 우리 민호. 졸리면 칭얼대고 안고 토닥이면 예쁘게 잠드는 아기 천사 우리 민호. 이렇게 여러 날 같이 지낼 수 있는 행운이 어디 흔하겠는가.

할미는 빨간 토마토를 민호 오면 보여주려고 대롱대롱 매달린 채로 따지 않고 아끼며 기다렸단다. 빨갛게 핀 아름다운 제라늄 꽃도 민호에게 보이고 싶었는데 때마침 활짝 피었지. 민호가 보기에도 탐스럽고 예뻤지?

또 하나 흐뭇하고 대견한 일은 우리 민호가 태어난 지 7개월인데 용머리성당에서 유아세례를 받았지. 세례명은 '베드로' 아빠엄마가 많이 생각해보고 베드로성인을 존경

하는 마음으로 지었단다. 세례 받는 날 민호가 아주 순하게 세례식을 잘 받았단다. 축하한다. 민호는 외할머니께서 최선을 다해 정성과 사랑으로 길러주심에 감사함을 잊어서는 안 된다. 외할머니에 대한 은혜는 민호가 건강하고 씩씩하게 지혜롭게 자라는 것이니라. 다음에 민호가 전주 친할미집에 오는 날을 손꼽아 기다릴게. 무더운 여름 더운 줄도 모르고 민호와 함께 지내는 동안 참으로 행복했다. 사랑한다 민호야!

손자 자랑은 돈을 내고 해야 한다는데 어디에 돈 내고 손자 자랑 좀 실컷 해보고 싶다. 우리 집 손자로 보내주신 하늘에 감사하고 순순히 와준 손자가 대견하고 한없이 고맙다.

독박육아

2017년 젊은 작가 조남주의 소설 《82년생 김지영》을 읽었다. 그해 상반기 베스트셀러 소설이었다. 꼭 우리 집의 이야기인 듯 공감이 컸다. 내가 첫 아이를 낳은 해가 1981년이었다. 소설의 주인공과 비슷한 또래의 이야기다. 조남주 작가는 너무나 현실적인 이야기를 담아내었다. 소설 제목에서 얼핏 느껴지듯이 현대 사회에서 직장과 가정, 육아를 담당하는 여성의 보편적 삶을 그렸다.

1980년대 초반 여자아이들의 이름은 지혜, 지영 등 지 자가 들어가는 이름이 많았다. 그들은 지금 30대 중반이 되었고 김지영도 그 시대 사람이다. 불과 10년 전만 해도 결혼 적령기는 20대 후반이었다. 여성도 직업을 가져야 하는 시대로 접어들면서 직장생활을 하다 보니 결혼이 늦어졌다고 본다. 내 딸도 30세가 되어서 결혼을 하였다. 어릴 적부터 똑부러지던 딸은 큰 어려움 없이 대학을 졸업하고 대기업에 취업하여 학자금도 본인이 돈 벌어 모두 갚았다. 승승장구 승진도 하며 멋진 커리어우먼으로 우뚝 서리라 여겼는데 평범한 회사원 경상도 청년과 짝을 맺었다.

둘이 맞벌이하여 부모에게 손 내밀지 않았고 서울에 전셋집도 마련했는데 자식 하나 키워보겠다고 직장을 그만두었다. 돌봐줄 사람이 없어 회사에 사직서를 냈다는 소식을 들었을 때 멍하니 하늘을 올려다봤었다. 회사를 그만둔 후 얼마 있다 딸은 아이를 가졌고 다시 취업하긴 힘이 들었다. 한창 일할 때인데 여기서 멈추다니 도와주지 못해 마음이 무너져내렸다.

IT 계열 회사원인 사위는 자정 넘어 퇴근하는 일이 다반사다. 말 그대로 '독박육아'다. 우리 딸은 아기와 둘이서 아침 점심 저녁밥을 쓸쓸하게 먹는다. 아기가 잠든 조용한 밤, 가장이 없는 집은 적적하기까지 하다. 때로는 새벽에 퇴근하는 때도 있다. '아가, 이거 먹어봐 맛있다.'하며 저녁 식탁에서 젓가락으로 반찬을 집어주는 아빠 목소리가 그리운 집이다. 우리나라 대한민국은 OECD 국가 중 출산율이 가장 저조하다고 한다. 젊은이들이 아기를 낳지 않으려는 가장 큰 이유는 직장과 육아를 병행하기가 너무 힘들다는 것이다.

모성애라는 굴레를 쓰고 엄마의 역할만 강요받으며, 꿈도 인생도 없이 자신을 챙기지 못하며 살다 모든 것을 잃을 것만 같아 안타깝다. 아이를 양육하는 일은 한 가정만의 일이 아니다. 다음 세대를 이어가고 사회를 책임지며 한 나라를 선진국으로 이끌어갈 인재를 길러내는 막중한 일임에도 개인의 책임으로 일관하고 있다. 딸의 집과 우리 집이 가까우면 잠깐씩이라도 돌봐주겠지만 거리가 멀다 보니 딸은 완전 '독박육아'를 하고 있다. 내 몸이 건강하지 않으니 올라가서 도울 수도 없어 애만 탈 뿐이다.

혼자서 독박육아 하다가 우울증이라도 생기면 어쩌나. 마음만 졸인다. 나도 첫아이 출산하고 길지는 않았지만, 기억력이 희미해지는 일을 겪었다. 소설의 주인공 김지영 씨는 독박육아 하다가 자신의 언어를 잃어버리고 다른 사람의 언어 친정엄마 목소리로, 친구의 목소리로 자신을 표현한다. 급기야 지영의 남편은 정신과를 찾아 상담하는데 담당 의사는 의학적으로 설명하기가 어렵다고 한다. 그때서야 자신을 돌아본다. 의사인 자신보다 더 당당하고 똑똑하며 수학박사인 아내도 육아 문제로 모든 것을 내려놓고 주부로 살고 있음을 새삼 느끼게 된다. 이 소설의 주인공 김지영은 '맘충'이라는 말을 듣고 충격을 받아 멍해지며 자신을 몰라보는 사태에 이른다. '맘충'은 자녀를 둔 여성을 비하하는 말이다.

직장생활의 어려움도 만만찮지만 독박육아야말로 끝이 안 보이는 자신과의 싸움이며 길고 긴 여정이다. 나는 손녀가 보고 싶어 경기도 용인에 살고 있는 딸의 집에 월 1회 찾아간다. 한 달 동안 말은 얼마나 더 늘었을까. 이제 네 살 된 손녀는 발음도 정확하다. "방금 전까지 나가 할머니를 많이 기다렸지." "그랬어? 할머니도 울 애기 많이 보고 싶었어." "나 전주 할머니 집에 가고 싶어." "전주 가서 같이 살까?" "좋아요. 좋아요." 폴짝폴짝 뛴다. 어쩌다 우리 딸이 아기를 낳아서 이렇게 예쁜 손녀를 안겨 주었을까. 말로 표현할 수 없는 감사한 마음이 한가득이다. 딸은 아기가 열이 날 때 머리맡에서 꼬박 지새게 되면 "엄마!" 하고 지원 요청을 한다. 그럴 때 달려가지 않을 친정엄마가 어디 있겠는가. 그러면서도 아기를 참 예쁘고 튼튼하게 잘 키웠다. 고맙다. 수고했다.

소설의 김지영 씨도 독박육아로 지쳐 정신과 치료를 받는다니 안타깝기 그지없다. 지금 이 시대 엄마들의 고충이다. 나는 이 소설을 읽으면서 해피엔딩으로 끝내주었으면 했다. 정부에서 야근이 근절되는 법령이 이루어지고 과로사 없는 사회, 희망찬 선진국이 되기를 고대해본다. 우리 사회 전반에 육아휴직이 법적으로 인정되었으니 기대해 볼 만하다. 독박육아가 아닌 공동육아로 웃음꽃이 피는 저녁 식탁을 마주했으면 한다. 하루빨리 김지영 씨도 우리 딸도 하고 싶은 일, 좋아하는 일을 하는 당당한 직장인과 사회인이 되기를 바라면서 책장을 덮는다.

한라산에서 세 여자

여자 셋이서 제주도 일주일 여정을 잡았다. 예정에 없던 일이라 준비 없이 나섰다. 늦게 출발하여 도착하니 오후가 되었다. 여름이 절정이어서인지 날씨는 찌는 듯이 더웠다. 칠월 장마철이라 습도가 높은 이유일까. 집에서 준비해 온 반찬으로 간단히 저녁을 지어 먹고 밤바람을 쐬니 상쾌했다. 제주도 숲속 펜션은 정원이 넓어 산책하기에 그만이었다. 아이들 놀이기구도 있어 우리 시원이가 반색을 하며 신이 났다.

한 여자는 60대 중반 또 한 여자는 30대 중반 그리고 세

살 여아. 나와 우리 딸, 딸의 딸이다. 우리 집 3대 모녀는 낯선 여행지에서 첫날밤을 맞이했다. 언제 어디서 이런 날을 또 만들 수 있을까. 내가 우리 딸을 애지중지 온 정성을 다해 키웠듯이 내 딸도 제 딸을 제 어미보다 더 깊은 사랑으로 키우고 있다. 오후 2시가 되면 숙소로 돌아와 반듯이 낮잠을 재운다. 가까운 거리에 있는 물고기박물관에서 큰 물고기를 보더니 "와~ 아빠 물고기다!" 손녀는 손뼉을 치며 좋아라 한다. 아빠가 오지 않아서 보고 싶었을까. 그림책을 많이 보아서인지 거북이며 악어도 알고 있었다. 아이에게는 현장학습이 중요하다. 그림책 속의 동물들이 살아서 움직이는 현장에서의 놀람과 신기한 감흥이 가슴에 새겨질 것이다.

장마철이라 해도 첫날 둘째 날은 날씨가 좋아 쾌청했지만 햇볕이 따가워 선뜻 나서기가 두려웠다. 셋째 날 한라산 에코랜드 기차여행을 나섰다. 한라산 가는 길은 안개가 부옇게 쌓여 앞이 안 보일 정도였다. 정말 조심스러워 간이 콩알이 된 것 같았다. 안개 속을 조금 벗어나니 소낙비가 세차게 내려 위험천만이었다. 아직은 운전이 조심스러운 딸도 나도 긴장의 연속이다. 되돌아올 생각도 못한 채 긴장하고 앞만 보고 달려서 한라산에 도착했는데 비는 계속 내렸다.

어린 손녀에게 비옷을 입히고 장화를 신겨 줄을 서서 기차를 기다리니 좋아서 방실방실 한다. 사람이 너무 많아 우리는 다음 차를 기다려야 했다. 손녀는 자기를 태워주지 않았다고 "나도 기차 탈 거야." 악을 쓰고 울어대니 키가 훤칠한 역무원이 쩔쩔 맸다. 겨우 달래서 잠시 기다리니 기차가 들어와 셋이서 나란히 앉았다. 언제 이런 날이 다시 오랴. 가슴이 찡하고 꿈을 꾸는 것 같았다. 울창한 한라산의 경치는 어느 밀림지대인 것 같고 보라색 수국은 탐스러운 그 자태를 뽐내며 관광객을 맞이하고 있었다.

한라산 중턱에 웬 호수가 저리도 맑고 고울까. 빗방울이 떨어지는 에메랄드빛 호수는 더욱 운치 있어 보였다. 첫 간이역에서 내려 호수를 바라보는 우리 손녀. "와! 바다다. 와~" 흥미진진한 표정으로 노란 날개 달린 비옷과 노란 장화를 신고 철벅철벅 잘 따라 다녔다. 할머니 손을 잡고 빗방울을 차며 걷는 것이 무척이나 재밌는 모양이다. 이런 순간이 행복이 아니면 무엇일까? 비 내리는 이곳에서 한나절을 보내도 좋겠다 싶었지만, 다음 정거장을 향해 우리는 또 기차를 탔다. 기차는 주변을 마음껏 둘러보란 듯이 덜그럭덜그럭 느리게 움직였다. 나지막한 능선에

야생화가 곱게 피어 있었다. “시원아, 저게 뭐야?” “꽃~. 함머 꽃 많아!” 내 눈에는 야생화보다 수국보다 우리 손녀가 제일 예쁘다. 그 감격을 어떻게 표현할 수가 없다. 자고 나면 새로운 언어로 자기 생각을 표현한다. 두 음절만 말하다가 이제 제법 어휘를 구성하여 말을 한다. 25개월 동안 들었던 많은 언어를 어디에 기억해두었다가 꺼내는 걸까. 갑자기 하는 말들이 어른들을 깜짝깜짝 놀라게 한다.

우리 모녀 3대는 수많은 인파 속에 둘째 간이역에서 내렸다. 일단 승차한 사람은 하차하여 경치를 감상하고 그곳에서 기다리는 이들이 다시 타고 내리기를 반복하는 원시림 기차여행이다. 아이 엄마는 제 딸을 카메라에 담느라 여념이 없다.

셋째 역에서도 비는 그치지 않고 내렸다. 저 동산을 돌아가면 놀이기구들과 볼거리가 있어 즐겁게 놀 수 있을 텐데 비가 너무 내려 역 안에서 다음 차를 타기로 하였다. 넷째 역은 아이가 한기라도 들까 봐 포기해야 했다. 종점까지 차창 밖으로 내다보는데 숲은 초록 비를 맞은 듯 짙푸렀다. 비를 맞으며 하는 여행도 시들한 삶을 재충전하기에 충분했다. 이 성하盛夏에 모녀 3대 추억 만들기, 이 행복한 여행을 우리 손녀가 오래 기억했으면 좋겠다. 보랏빛 수국 동산도 한라산의 갈맷빛 산야도 세 여자의 가슴에 오래 들어앉아 있을 것이다.

막차

밤이 깊었다. 눈보라가 거세게 몰아쳤다. 이곳에 올 때마다 택시는 줄지어 손님을 기다리고 있었다. 오늘도 그러려니 하고 막차를 탔다. 택시를 기다린 지 삼십 분도 더 지났다.

버스에서 내렸을 때 젊은이 두 명이 택시를 기다리고 있었다. 저 사람들이 혹여 나에게 '어르신 먼저 타시죠?'라고 말을 걸어오기를 기대해 봤지만, 그들도 오래 기다리느라 몹시 추웠던지 택시가 오자마자 바람처럼 사라졌다. 시내버스에서도 나는 결코 나이 들었다 해서 자리 양보를 바란 적은 없었다. 그런데 오늘같이 추운 날은 은연중 그런 마음이 고개를 들었다. 나도 추웠지만 그들도 추웠을 것이다. 두꺼운 다운 코트를 입어서 추위를 견딜 수 있었다. 발도 시리고 배도 고팠다.

사위가 퇴근을 일찍 했다면 마중을 나왔을 텐데 그는 항시 퇴근이 늦다. 오늘도 야근이지 싶다. 아이티 산업이 발달함으로써 그곳에 종사하는 이들의 노동은 장난이 아니다. 팍팍한 현실에서 젊은이들은 일자리를 못 찾는다고 아우성인 반면 기업에서는 인재가 없다고 한다. 취업을 했다 해도 대기업 중소기업의 사원들은 밤을 낮 삼아 일하며 극심한 노동에 시달린다. 아이티 산업은 인류의 삶에 커다란 변화와 편리를 제공하고 있다. 하지만 '살인적 노동'이라는 신조어가 등장할 정도로 노동의 강도는 크다.

얼마를 기다렸는지 모른다. 인적도 없는 낯선 택시 승차장에서 서성이는데 구세주 같은 택시가 들어왔다. 이곳에 자주 왔지만 이렇게 긴 시간 택시를 기다려 본 적은 한 번도 없었다. 딸의 집은 용인시 수지구이다. 딸네 집에 들어서니 손녀는 곤히 자고 있었다. 앞으로는 절대로 막차를 타지 않아야겠다고 다짐을 했다. 막차를 탈 바에야 다음 날 아침 일찍 나서야겠다.

외손녀 잠옷을 만들어 오느라고 늦었다. 오전에 남부시장에서 감을 끊어다가 마름을 하면서 오후 4시 차는 타겠지 했는데 그만 버스 시간을 놓쳐버렸다. 그리고 6시 20분 용인행 막차를 탄 것이다.

오래전 내가 신혼 시절, 전주에서 신태인행 막차를 탔는데 버스가 중간에서 고장이 나서 참으로 난감했던 일이 있다. 그 후로도 그런 일을 만나 당황한 일이 있었을 터인데…. 어쨌든 막차는 여전히 불안하다는 걸 느끼는 밤이었다.

손녀의 잠옷엔 하늘색 바탕에 곰돌이 꿀꿀이 멍멍이가 까꿍 하면서 노는 그림이 있다. 아이의 눈높이에 맞추어 옷감 무늬를 골랐다. 아침에 손녀가 일어나니 딸이 할머니가 만들어준 옷이라면서 입혀주었다. 옷 한 번 쳐다보고 할머니를 바라보며 함머함머 하면서 무척 좋아라 했다. 동물 무늬를 손가락으로 짚으면 동물의 소리를 목청껏 흉내 낸다. 지난밤 눈보라 속에서 차를 기다리며 고생하던 일은 아득히 옛날이야기 같다. 내가 만들어준 옷을 입고 이방 저방 콩콩 뛰어다니는 모습이 동화 속에 나오는 요정 같다.

손녀는 한 달 전 전주 우리 집에 일주일 동안 머물면서 호기심이 있는 곳마다 뒤적이고 꺼내놓고 재밌어 했다. 그러다가 안방 반닫이 문을 열고 내 여름 원피스를 꺼내서 만지작거리면서 놀았다. 원피스를 집어넣으면 꺼내고 또 꺼내고 여러 차례 그리했다. 그것을 본 딸이 이 옷 안 입으면 아기 옷을 만들어주면 좋겠다고 하였다. 내 원피스를 개조해서 손녀 잠옷을 만들었더니 맵시는 나지 않지만 땀 흡수가 잘되는 천이어서 좋고 활동하기 편하도록 넉넉하게 잘 만들어졌다. 헌 옷으로 만들어 입힌 옷이 마음에 걸려 새 옷 하나 지어 입히려고 한 일이 막차를 타게 되었고 예상치 못하게 눈보라를 만나 고생을 했다. 그러나 손녀가 옷을 입고 좋아하니 기쁨이 한가득이다.

손녀는 짓궂게 개구쟁이 같은 표정을 잘 짓고 호기심도 많다. 호기심은 창조성이라 했던가. 궁금한 것도 많다. 잠깐 한눈파는 사이에 의자 위로 올라가서 책상 위도 올라가고 식탁 위로 올라가 오뚝 서 있곤 해서 가슴을 철렁하게 한다. 보듬고 내려와 쎄쎄쎄 손을 잡고 동화 속으로 같이 들어간다. 동요를 불러주다 보면 내가 할머니라는 것을 잊어버리게 된다.

요정 모자를 씌우고 풍성한 원피스를 입히니 딱 요정이다. 지금 이 집은 요정이 미소 지으며 소곤거리는 동화 속

세상이다. 그럼 나는 누구인가. 동화 속에 나오는 할머니는 대부분 마귀할멈이다. 착한 할멈이 등장하는 동화 속에서 창밖을 바라본다. 떠오르는 해님을 요정 손녀와 같이 볼 수 있으니 막차를 타고 온 것이 어쩌면 다행이지 싶다.

지금 이 순간

'참 아름다운 세상입니다.'

조금씩 흩날리던 눈송이가 점점 커지더니 앞이 보이지 않을 정도로 쏟아지고 있습니다. 설원이 너무도 아름답습니다. 이럴 때는 영화 〈닥터 지바고〉가 연상됩니다. 눈길을 저벅저벅 걸어도 보고 철없이 한바탕 뛰어놀고 싶은 심정입니다. 그러나 지금 이 순간 가야 할 길이 있습니다. 커다란 슬픔도 오랜 세월을 거치면 엷어지나 봅니다. 운전자들에게 눈이 내리는 날은 많이 조심스럽습니다. 차를 타고 가지 못하면 걸어서라도 가야 합니다. 오늘 같은 날

자가용으로 이동한다는 것은 무리가 아닐까도 생각했지만, 마음을 편안하게 먹고 이 또한 어머님께서 주신 행복이거니 했습니다.

어머님께 가끔 안부 전화를 드리면 "오늘 하루도 너희들 아무 탈 없이 편안하게 지내기를 바랄 뿐이다. 나는 오직 그것뿐이다."라고 하시지요. 오늘 이 눈길에서도 무사히 큰집에 도착하기를 어머님이 하늘나라에서 기도하고 계실 것이라 여겨집니다. 오늘같이 함박눈이 내리는 날 드라이브를 할 수 있는 것은 어머님의 기일이기 때문이니 순전히 어머님 덕분입니다. 길은 다소 미끄럽지만, 속도를 내지 않고 달리니 별문제가 되지 않습니다. 도로에는 차가 한 대도 보이지 않습니다. 우리가 탄 차만이 눈보라를 일으키며 달릴 뿐입니다.

생각은 마음먹기에 따라 달라진다고 했던가요? '어머님은 왜 추울 때 돌아가셔서 이렇듯 눈이 내리고 미끄러운 날 기일이냐'고 투정 부리지 않고, 겨울에 돌아가시니 이렇게 설원을 감상하며 함박눈 속에서 드라이브를 할 수 있어 감사하다고 생각하기로 마음먹었습니다. 참으로 고마우신 어머님. 기일이라고 하늘에서 오시는 길 미끄럽지 않기를 바라봅니다.

몇 해 전, 감기 증세를 보인 어머님을 병원으로 모셨는데 담당 의사는 이미 폐에 병세가 깊다며 폐렴 진단을 내리고 입원시키라고 하였습니다. 우리가 살던 집이 좁아 어머님을 모시고자 더 넓은 아파트를 분양받아 놓은 상태였는데 입주도 하기 전에 새집이 아닌 병원으로 모셔야 했습니다. 누가 그랬던가요? 자식이 나중에 효도하고자 하나 부모님은 그때까지 기다려 주시지 않는다고. 꼭 우리를 두고 하는 말이었나 봅니다. 어머님께서 그렇게 쉽게 다시는 돌아올 수 없는 길을 떠나시리라고는 생각하지 못했습니다.

그해 가을이었습니다. 가을바람에 길가에 늘어선 은행나무의 노란 잎들이 우수수 떨어져 이리저리 뒹굴고 있었습니다. 그 길을 하루에도 몇 번씩 오가며 기다려 주지 않는 모정의 세월을 아쉬워했습니다. 눈물인지 빗물인지 분간도 못하게 추적추적 비가 내렸고, 그해는 유난히 늦가을 장마가 길었지요. 차가운 바람에 내 어깨는 더욱 시리기만 했습니다. 자식들이 돌아가며 정성을 다해 어머님을 간호해드렸습니다. 그런데도 칼바람이 부는 추운 겨울 어느 날, 나 홀로 어머님의 임종을 지키며 감지 못하시는 눈을 쓸어드려야만 했습니다. 너무나 갑자기 호흡곤란이 일어 주치의가 손볼 사이도 없이, 그토록 믿고 의지하던 둘째 아들이 가까이 왔으니 조금만, 조금만 기다리라 하였지만, 무엇이 그리도 급해서 둘째 며느리인 나의 손을 꼭 잡고 쓸쓸히 먼 길을 떠나셨습니다.

어머님은 몇 해 전에 큰아드님을 가슴에 묻고 모진 세월을 옹이가 박힌 가슴으로 사셨습니다. 큰아드님이 세상을 하직한 날짜에 맞추어 당신도 그 아들 곁으로 가셨습니다. 얼마나 애달프고 잊지 못하였으면 그리하셨을까요? 어쩌면 오늘처럼 함박눈이 내리는 날, 두 모자母子는 쏟아지는 눈길을 손을 꼭 잡고 오시겠지요. 어머님의 큰아드님도 수년 전 정규 교육도 못다 마친 어린 5남매를 두고 이 세상을 떠났습니다. 몸이 불편하셨으니 얼마나 서러운 삶을 살았을까 그분이 가신 후에야 느껴졌습니다. 그날도 오늘처럼 눈이 내렸지요. 툭툭 떨어지는 눈송이는 커다란 눈물방울이 되었고, 백설의 세상은 온통 슬픔이었습니다. 하얀 눈꽃 세상이 그토록 슬프다는 것을 그때 처음 알았습니다. 나중에 우리 집 형편이 좋아지면 잘해드리겠다고 마음먹었는데, 살아계실 때 좀더 잘해 드리지 못한 것이 무척이나 후회되었습니다. 세상이 참 야속했습니다. 슬픔을 꿀꺽 삼키는 것을 알기라도 하듯이 이 밤도 눈은 쉼 없이 내립니다.

눈부신 설원은 아침 햇살에 보석을 뿌려놓은 듯, 반짝거리며 백설의 대지가 펼쳐졌습니다. 언제 바람이 불고 눈보라가 쳤던가. 고요하고 평화로운 순백의 아침입니다.

대문호 톨스토이는 《세 가지 의문》에서 모든 일에서 가장 적절한 시기는 언제일까? 어떤 인물이 가장 중요한 존재일까? 세상에서 가장 중요한 일은 무엇일까? 라고 했습니다. 가장 중요한 사람은 지금 내가 대하고 있는 사람입니다. 세상에서 가장 중요한 때는 바로 지금입니다. 그러나 내가 꼭 해야 할 일이 무엇인지, 소중한 것이 무엇인지 모른 채 달려왔습니다. 어리석게도 그동안 살면서 순간순간 내 곁에 있는 사람에게 최선을 다해야 한다는 것을 그분이 안 계신 지금에서야 깨닫고 있습니다. 당신 살아생전에 한 번도 못했던 그 말 한마디를 나직이 속삭여 봅니다. “어머님! 당신을 아주 많이 사랑합니다.”

익어간다는 것은

햇살이 따사롭다. 창문을 여니 이른 봄바람이 푸근하다. 고추장을 담가놓은 옹기의 뚜껑을 열어 보았다. 말간 햇살을 받은 고추장은 붉은빛으로 곱다. 손가락으로 찍어 맛을 보니 짭조름하다. 발효가 덜 되었는지 메줏가루 특유의 냄새가 머물고 있다. 햇볕이 잘 드는 남향의 베란다에서 옹기는 고추장을 꼭 보듬고 있다.

옹기에 고추장을 담가 보는 일이 꽤 오랜만이다. 옹기와 호흡을 같이했던 젊은 날, 이사를 열두 번 다니면서도 옹기를 차마 버리지 못하고 고이 보관해 두었다. 햇볕이 따스한 봄날 고추장을 담그다가 불현듯 묵혀둔 옹기가 생각이 났다. 침침한 구석에서 오랫동안 침묵하던 옹기를 꺼냈다. 꺼내서 깨끗이 씻고 맑은 물로 우려내고 투명한 햇살로 소독하니 내 마음조차 개운했다.

햇빛에 반짝거리는 옛 옹기를 보니 언뜻 곱게 차려입은 이모님의 정갈한 모습이 떠오른다. 이제는 이 세상에 안 계신 시이모님이시다. 이모님은 6 · 25 때 남편과 자식을 잃고 외롭게 사셨다. 혈육이라고는 동생인 나의 시어머니 한 분뿐이었다. 자손이 없는 이모님을 시아버님은 둘째인 내 남편한테 모시라고 유언을 하셨다고 한다. 저 오래된 옹기들은 하나하나가 이모님의 손때가 묻은 것이다. 이모는 당신의 뜻대로만 나를 가르치려 드니 늘 두려움의 존재였다. 노인을 모시고 산다는 일이 그렇게 어려운 일이라는 것을 미처 몰랐다. 어쩌면 나는 저 옹기들과 함께한 지난날의 편린들을 기억 저편으로 지우고 싶어 보이지 않는 곳에 그것들을 가두어 놓고 모른 체했는지도 모른다.

냉장고가 없던 시절 꿈 많던 나의 신부 수업은 옹기와 친해지는 것이 먼저였다. 장독대 목욕시키기, 장 담그는 일, 젓갈 담기, 고추장 담기 등 이런 것들을 이모님한테 배웠다. 여러 장 건건이를 간수하는 일은 계절에 따라 달랐다. 장 담그기는 뭍에서 자란 콩과 바다의 소금과 물, 숯과 고추들이 조화를 이루어야 한다. 자기의 본성을 간직한 채 다름을 받아들임으로 조화로운 맛의 간장이 되고 된장이 되고 고추장이 된다. 내가 좀더 일찍 조카며느리라는 굴레를 벗어버렸더라면 부모와 자식의 관계로 발전하지 않았을까. 노심초사 이모님은 살아생전에 '어머니'라는 소리가 얼마나 듣고 싶으셨을까. 내가 어차피 모시고 사니 어머니라고 불렀더라면 끈끈한 혈육으로 더 화목했을 것이란 생각이 비로소 들었다.

또한, 시댁 어른이란 편견을 버리지 못했다. 홀로된 이모님과 십오 년을 한 지붕 아래 좁은 공간에서 한솥밥을 먹으며 지내는 동안 그저 불편하지 않게 모시면 되는 줄 알았다. 회한의 가슴을 쓸어내리며 깊은 장항아리를 들여다보았다. 본래의 습성을 지니면서 융화되고 어우러진 구수한 장맛, 은밀한 밀애로 서로 섞이어 고유의 맛을 내는 장을 가르면서 나는 많은 것을 깨닫게 되었다. 올봄에도 어김없이 메주를 걸러내고 간장을 달여 다시 항아리에 부었다. 다음 날 아침 간장의 향을 맡아보려고 뚜껑을 열고 들여다보니 간장은 안 보이고 내 얼굴만 보였다. 항아리 속의 나는 낯설었다. 나는 예전이나 지금이나 좀 헤프

더라도 웃으며 살고 싶은 마음이 깊은 곳에 있었다. 하지만 마음뿐이었다. 젊은 날, 이모님에게 살림을 배울 때 항상 긴장하며 살았다. 또 무엇으로 혼나지나 않을까. 노심초사 살피며 사는 동안 굳어진 표정을 여태껏 버리지 못했나 보다. 섬세하고 어렵게만 배웠던 살림을 이젠 나 혼자서도 그리 힘들이지 않고 해내고 있다. 그동안 터득한 지혜인가. 나이를 먹는 것인가.

옹기에서 배운 또 하나는 기다림이었다. 우리 집 뒤쪽 베란다에는 오미자며 매실, 오디와 곰보배추의 진액이 한 해 두 해 옹기 안에서 세상 밖으로 나설 날을 기다리고 있다. 기다림을 순리로 다독거리며 나는 옹기를 바라보고 옹기는 그 자리에서 나를 지켜보고 있다. 한 삼 년 옹기 속에서 자연 숙성된 진액은 약골인 나의 동반자이며 해마다 가을만 되면 찾아오는 천식을 다스려주는 주치의이다.

순수한 흙과 물, 바람과 불을 통해 기다림으로 빚어낸 옹기. 소박함이 묻어나는 것이 과묵하고 듬직한 사람과도 같다. 마음이 넓고 인고忍苦의 세월을 잘 견딘 사람을 옹기와 같다고 생각해본다. 이모님은 인고의 세월을 여인의 숙명으로 받아들였던 것 같다. 그 숙명은 오로지 절개를 지키며 살아야 했던 이모님의 삶이었으리라. 철철이 장을 담그고 발효시킨 숙성의 여정에 한 생애를 고스란히 지켜낸 삶으로 느껴진다. 소금의 결정체는 물과 혼합 과정을 거치며 오묘하게 짠맛보다 강한 향을 뿜어낸다. 그런 장류들은 사람의 식생활 중 식품을 도맡았던 옹기와 생애를 같이했다. 투박하면서도 미세한 구멍을 통해 세상과 소통한다. 자연 속에서 품어야 할 것은 안으로 삭히고 익어가며 취하지 말아야 할 것은 아낌없이 밖으로 내보낸다.

햇볕이 내려앉은 옹기 옆에서 내 삶의 긴 여정을 뒤돌아본다. 삶이 익어간다는 것은 자연을 닮아간다는 것이리라.

그늘

“참 시원하다. 고맙다.” 1m도 안 되는 들깻잎 그늘이 한여름의 뙤약볕에 지쳐 있는 나를 쉬게 한다. 강렬히 내리쬐는 태양은 팔월이 가는 것을 아쉬워 붙잡기라도 하려는 듯 사람도 푸른 초원도 모두 태워 버릴 것만 같았다.

그늘을 생각하면 체구가 그리 크지 않은 오빠가 생각난다. 나는 오빠에게 조금도 양보하지 않고 늘 이기려고 많이도 다투며 자랐다. 그런데 가정형편이 나아진다는 희망이 보이지 않는 상황에서 오빠는 학업을 중단하고 군대에 갔다. 베트남전쟁이 한창일 때 자원하여 베트남에 도착해서야 집으로 편지를 보내왔다. 어머니는 오빠의 편지를 받고 실신을 하다시피 충격에 빠지셨다. 라디오 방송에서는 베트남에서 우리 국군의 승전을 보도하였지만 국민들은 그곳에 가면 살아서 돌아올 수 없는 것으로 알고 있었기 때문이었다.

풍선의 바람이 빠지듯 점점 기울어만 가는 우리 집 형편을 일으켜 세워 보겠다고 하나뿐인 목숨을 담보로 몽근 짐을 지고 떠났다. 아버지는 정치활동을 접고 삽과 곡괭이로 야산 개발하는 일에 열심이었지만 한 치 앞도 안 보이는 경제적 궁핍은 더해만 갔다. 오빠는 네 명이나 되는 동생들 학비를 벌기 위해 총알이 빗발치는 전쟁터로 나선 것이다. 어떻게 오빠는 어린 나이에 그런 생각을 할 수 있었을까? 나는 그때 세상에 존재하는 모든 신께 오빠가 살아서 돌아올 수 있도록 지구 저편을 향해 간절히 기도하였다. 수시로 상상 속에서 전쟁영화를 떠올렸다. 돌아오지 못하거나, 오더라도 목발을 짚고 오면 어쩌나. 그때 내가 오빠를 위해 할 수 있는 것은 편지를 쓰는 일이었고, 그것이 슬픔을 이겨낼 수 있는 위대한 힘이 되었다.

어머니는 정화수를 떠놓고 아들의 무사 귀환을 빌고 빌었다. 어린 내가 보아도 어머니의 치성은 하늘에 닿을 것 같았다. 그토록 마음 졸이며 애타게 기다리던 오빠는 대한민국의 국군으로 까만 얼굴을 하고 살아서 돌아왔다. 귀신도 잡는다는 백마부대 용사로 하사 계급장을 달고 위풍당당 나타났다. 어머니는 가슴을 누르고 있던 커다란 돌덩이를 내려놓으셨다. 그때 오빠의 작은 키가 거인처럼 크게 보였다. 자고 일어나면 시끌벅적 잔칫집이 되었다. "강영이가 살아서 돌아왔는디 얼굴이 쌔캄허드라고." 동네 사람들도 살아서 돌아온 오빠를 보며 감사하고 대견해하면서 기뻐하였다.

폭탄이 터지는 정글에서 옆에 있던 전우가 총탄을 맞고 쓰러지는 장면을 보고 "엎드려."라고 소리칠 때는 온몸에 전율이 흐르며 숨이 멎는 것 같았다며 오빠는 월남에서 겪었던 전쟁 이야기를 영화 이야기하듯 우리들에게 들려주었다. 그럴 때면 동생들과 올망졸망 둘러앉아 웃다가 울다가 손을 꼭 잡고 들었다. 가만히 지난날을 되새겨보면 오빠는 우리 집을 살린 생명나무였다. 우리 가족은 그 생명나무 그늘에서 쉴 수 있었고, 동생들은 고등교육을 마칠 수 있었다. 그렇지만 오빠는 고엽제로 많은 고통 속에서 살아가는 엄청난 대가를 치러야 했다. 괴로워하는 오빠를 보면서 가슴이 무너져 내렸다. 하루속히 건강이 회복되기를 기원하고 또 기원하건만 긴 세월은 무정無情하기만 하다.

우리는 늘 그늘 속에서 산다. 부모님의 그늘, 형제간의 그늘, 스승님의 그늘, 친구들의 그늘, 때로는 모르는 사람들이 만든 그늘에서 살고 있다. 많은 주변 사람들로부터 얼마나 큰 은혜를 입고 사는가. 오늘처럼 작은 그늘에게도 쉼을 얻었듯 어쩌면 내가 모르는 사이 무수히 많은 사람들이 내게 포근한 그늘을 만들어 주었을 것이다. 오래전 오빠의 그늘은 커다란 보리수나무 그늘이었을까. 들깻잎 그늘 아래서 하늘을 올려다본다. 구름 한 점 없는 파란 하늘에 낮달이 유유히 떠 있다. 그 시절이 낮달 속으로 들어갔다. 계수나무는 보름달 안에서 볼 수 있는데 내 소싯적 반달 속의 계수나무는 오빠의 그늘이라고 믿고 싶다. 지난날 참깨를 털면서 오빠와 장난치던 날이 엊그제 같은데 사십여 년의 세월이 흘렀다. 흘러간 세월 속에서 삶의 무게는 골골이 세월의 나이테가 되어 고스란히 나타나지만, 오빠와 만나면 나는 언제나 어릴 적 말괄량이 아우다.

사방을 둘러보아도 그늘이라고는 없었다. 맥없이 주저앉은 내 그림자 옆에 작은 들깻잎 그늘이 있었다. 무릎걸음으로 다가가 깻대 아래에 앉자 서늘한 바람이 살랑 불어

왔다. 작은 그늘이지만 그 옆에서 물도 마시게 하고 휴식도 제공해주었다. 들깻잎 냄새가 향기롭다. 목마르고, 고달픈 나에게 들깻잎의 작은 그늘은 우주 같은 존재였다.

지금도 오빠를 생각하면 시야가 흐려지고 여울져오는 그리움으로 마음이 아리다. 나의 살던 고향은 김제시 금산면 삼봉리다. 우리 어렸을 땐 전깃불도 들어오지 않는 오지였다. 마을 뒤편에는 병풍처럼 야산이 둘러쳐 있었다. 늘 내게 거목의 그늘이었던 오빠는 결혼하여 서울에서 터를 닦고 아들딸 남매를 잘 키우며 살았다. 자전거 타는 것을 좋아해 평생 자전거가 이동수단이었는데 그 자전거로 인하여 교통사고를 당해 이승을 떠났다. 오랫동안 사랑하는 가족들과 이 좋은 세상에서 노후를 여유롭게 살리라 믿었는데 인생은 무상하다지만 그럴 수는 없었다. 무엇이 그렇게 바빴을까. 우리 7남매는 찌는 듯한 팔월의 더위 속에 용미리 동네 품 한쪽에 오빠를 혼자 놓고 와야만 했다. 오빠가 그토록 아끼고 사랑하는 손녀의 품에서 영정사진 속 오빠는 미소를 짓고 있었다.

만 원의 행복

오월의 초록이 바람결에 나부낀다. 1년이 넘은 코로나 이제 그만 물러설 법도 한데 점점 더 기승을 부리고 있다. 언제쯤 마음 놓고 외출도 하고 아이들 만나러 상경할 수 있을지 기다림의 연속이다. 조카를 만나 모악산의 바람을 쐬니 콧구멍이 뻥 뚫리는 것 같았다. 사람이 절제하며 산다는 것이 어디 쉬운 일인가. 계절의 여왕 오월의 여신 앞에 서니 푸른 꿈 펼치던 때가 엊그제 같은데 라일락꽃도 맥없이 뚝뚝 떨어져버리고 그리움이 먼 산 아래로 다가온다.

가정의 달 오월인데 그리움을 달랠 여건도 되지 않고 사람의 도리도 하지 못하니 공허할 뿐이다. 모악산 아래서 거하게 점심을 대접받고 가로수 길을 걸어 전북도립미술관으로 향했다. 전시는 다섯 작가의 '신자연주의 리좀이 화엄을 만났을 때'라는 제목으로 열리고 있다. 불확실성의 시대에 걸맞은 예술의 힘을 이야기하기 위해 기획한 전시란다.

'신자연'은 개개인의 몸을 중심으로 가꾸어 나가는 개별적인 환경을 의미한다. 이것은 산이나 바다 같은 자연이 아니라 각자가 처한 위치에 따라 구성되는 하나의 소우주라고 한다. 우리는 이 시대를 어떻게 살아야 할까? 모든 것이 소용돌이처럼 다가오고 바뀌는 시대, 세상이 규칙을 변화시키는 시대, 매일의 일상이 새롭게 전환되는 이 시대를 신자연주의라 한단다. '리좀'은 뿌리와 줄기를 뜻하며 '인드라망'은 조화로 화엄경에서 서술한 말이다. 거미줄에 맺혀 있는 물방울처럼 모두가 연결되어 서로서로 비추고 있는 형식을 뜻하는 신자연주의의 표현이다.

나와 내 주변을 가만히 떠올려본다. 나는 그물망처럼 얽혀 있는 사회구조, 가족과 타인과 연결된 관계 속에서 살아간다. 가깝다고 생각하면 가깝고 멀다고 생각하면 아득히 먼 관계의 망 속에서 사는 게 우리의 삶이다.

강용면 작가의 〈만인보〉가 눈길을 잡았다. 무수히 많은 사람의 얼굴들로 벽면을 가득 채웠다. 슬쩍 보면 같은 얼굴 같지만 자세히 보면 모두 다른 표정이다. 나는 저 그림 속 어디쯤에 있을까. 우리는 간접적이든 직접적이든 또는 필연적이든 수많은 사람과 관계를 맺으며 살아가고 있다. 만나면 그저 좋은 사람, 말 한마디로 힘을 주는 사람이 있는가 하면 어떤 이는 볼 때마다 가르치려 들고 단점만 말해주는 이도 있다. '인드라망'은 이런 필연적인 인간관계를 의미하는 것이 아닐까.

오늘 만나서 식사를 같이하고 전시회를 둘러본 그미는 만나면 그저 좋고 말 한마디로 힘을 주는 인연이지 싶다. 나와 그미와의 첫 만남은 내가 새댁이었을 때였다. 그미 나이 열두 살, 귀밑머리 소녀였다. 내가 다홍치마와 초록 저고리를 입고 왔다 갔다 하는 모습을 바라보다 눈이 딱 마주치면 잽싸게 얼굴을 돌리고 시치미를 뚝 떼곤 했다. 그러다 그미는 내 신혼 방으로 와서 잠깐씩 놀다 가곤 했다. 내가 그미에게 관심을 보인 것처럼 그미도 내 아이들에게 사촌이지만 친동생처럼 챙겨주곤 했다. 수많은 세월의 굴레 속에서 나는 노년이 되었고 그미도 중년이 되어 같은 지역에서 좋은 인연의 고리로 연결되어 살고 있다. 어버이날이 낼모레인데 우리 아이들이 못 온다는 것을 알고 그미는 허전할 것 같은 내 마음을 채워준 것이다.

전시장을 나와서 매점에 들러 아이쇼핑을 하는데 화사하고 예쁜 브로치를 가슴에 달아주며 "이게 바로 만 원의 행복이지."라고 했다. 나도 질세라 앙증맞은 부채를 그미 손에 쥐어주며 말했다. '만 원의 행복 받아.' 오랜만에 깔깔대고 웃었다. 어느덧 오월도 무르익는다. 그미는 모자도 색깔에 맞춰 세트로 차려주면서 받는 나보다 주는 행복을 더 누렸다.

청개구리 송가送歌

'앗, 청개구리다!'

아침에 일어나서 싱크대 앞에 서 있는데 난데없이 수도꼭지에 연두색의 손톱만 한 청개구리 한 마리가 있었다. 어찌나 놀랐던지 꿈을 꾸고 있는 게 아닌가 싶어서 눈을 비벼 보았다. 김장을 며칠 앞둔 12월 초순에 어떻게 청개구리가 집 안으로 들어왔을까? 도대체 어디서 나왔는지 궁금하기 이를 데 없었다. 초벌 김장을 한다고 배추 두 포기를 사 온 일밖에는 없었다. 나는 청개구리를 살려야겠다 싶어서 대나무 소쿠리에 뚜껑을 덮고 배춧잎을 넣어주었다. 청개구리는 고맙다는 듯 발딱거리는 가슴으로 눈을 껌벅거리며 나를 바라보았다.

저녁이 되자 남편은 개구리는 물이 있는 곳에서 살아야 한다며 개구리 집을 욕실로 옮겼다. 우리 집에서 겨울을 잘 나고 봄이 되면 풀밭으로 보내줘야 할 텐데…. 추운 겨울날 쪼그만 청개구리 한 마리가 식구가 되었다. 개구리는 살아 있는 곤충만 먹는다고 하였는데 어떻게 먹이를 구해올까 걱정거리가 생겼다. 소쿠리 속에 이놈을 가둬놓으면 답답할까 싶어 뛰어다닐 수 있게 뚜껑을 열어주었다. 외출에서 돌아와 보니 어디로 숨어버렸는지 흔적도 없었다.

다음 날 아침이 되니 욕실 거울에 찰싹 붙어서 눈을 껌벅이며 바라보았다. 하찮은 미물도 생존을 위해서 스스로 물이 있는 욕실로 찾아갔나 싶어서 세면대에 물을 받아 주었다. 어떤 때는 욕실 수도꼭지에 올라앉아 있었다. 우리 집 수도꼭지는 백색이라서 청개구리와 배색이 잘 어울린다. 하루는 퇴근한 남편에게 "당신은 참 좋으시겠소."라고 했더니 뭐가 좋으냐고 했다. 그래서 나는 "집에 들어오면 예쁜 것이 둘이나 있으니 얼마나 좋아요?"하니까 "아 청개구리 말이구나. 그런데 또 하나는 뭐지?"라고 물었다.

개구리와 예쁜 아내 중 누가 더 예쁘냐고 물었더니 개구리가 예쁘다고 능청을 떨었다. 나는 그런 남편에게 눈을 흘겨주었다. 남편이 나보다 개구리와 더 친한 것 같아서 괜히 심통을 부렸었다.

아이들이 자라서 집을 떠나고 부부만 살아온 지 십여 년째다. 저녁이 되면 텔레비전을 보거나 책이나 신문을 읽지만 적막강산이 따로 없다. 그러던 참에 느닷없이 찾아온 청개구리는 우리 집의 귀염둥이로 사랑을 독차지하고 있었다. 이 삭막하고 추운 겨울날 청개구리와의 동거는 참 신선했다. 녹색의 점 하나로 생긴 놈이 폴짝폴짝 뛰는 모습이 귀엽다. 살아서 움직이는 생명체는 모두 고귀하다. 요놈이 거울에 제 모습을 비춰보는지 대부분 거울에 붙어서 산다. 거울에 내 얼굴을 바짝 대고 "거울아, 거울아 청개구리하고 나하고 누가 더 예쁘니?"하고 물었더니 요놈의 개구리가 폴짝 뛰어서 내 가슴팍으로 달려들었다. 자기가 더 예쁘다며 말도 안 되는 소리는 하지도 말라는 듯이.

어떤 때는 어디로 나들이를 갔는지 한 이틀쯤 안 보일 때도 있었다. 혹시라도 죽을까 봐 나는 개구리를 찾느라고 이 구석 저 구석을 살폈다. 내일은 나오겠지 하고서 아침에 일어나면 텔레비전 모니터 앞에, 또는 잎이 넓은 행운목 위에 앉아 있다. 엄지손톱만 한 청개구리를 찾는 일은 쉽지 않다. 옷 색깔이 비슷한 행운목 이파리에 앉아 있으면 더욱 어렵다. 남편은 이러다가는 습기가 없어 그놈이 말라죽게 된다면서 욕실에 가두고 욕실 문을 닫아야 한다고 법석을 떨었다.

하루는 잠을 자고 일어나니 이게 웬일인가. 안방 화장대 거울 앞에 붙어서 나를 빤히 바라보는 게 아닌가. 아니! 요 녀석이 예쁘다, 예쁘다 하니까 안방까지 쳐들어와서 내 이브자리에서 동침을 하였는가? 몸이 움찔했다. 강아지를 안고 잔다는 소리는 들었지만 개구리와 잠을 잔다는 소리는 못 들어봤다. 징그럽기도 하지만 깔려죽기라도 하면 어쩔 것인가.

며칠 동안 그놈을 못 나가게 욕실 문을 닫아놓았더니 욕실 안에 곰팡이가 피기 시작했다. 곰팡이를 제거하려면 세제와 소독용 락스를 묻혀 닦아야 하니 청개구리가 걱정이었다. 이놈을 찾아서 옮겨 놓고 청소를 해야 할 텐데 도대체 어디로 숨었는지 나오지를 않았다. 하는 수 없이 한 보름이 지난 후 락스를 조금 묻혀 청소한 날 우리 집은 부부 싸움을 하고야 말았다. 남편은 락스 냄새 때문에 청개구리가 나오고 싶어도 못 나온다며 날마다 나에게 투정을 부렸다. 그러게 청소하기 전에 나올 일이지. 아니면 행운목 이파리 속에 숨든가. 나도 못내 서운하고 아쉬운 건 마찬가지였다.

그러던 어느 날 욕실 거울 뒤에서 박제된 청개구리가 뚝 떨어지는 게 아닌가. 이렇게 쉬이 이별이 올 줄은 미처 몰랐다. 폴짝폴짝 뛰어서 나타나리라 믿고 있었는데, 봄이 되면 푸른 풀밭으로 꼭 돌려보내려고 했는데, 인연이 너무 짧았다. 개구리야, 다음 세상에서는 엄마 말을 잘 들어야 한다. 남편은 너무나 애석해 하는 나에게 청개구리의 수명이 다한 것이라고 위로를 해주었다. 그리고 불쌍한 청개구리 시신을 아파트 화단에 묻어주었다.

해가 바뀐 여름은 무더위도 일찍 찾아왔고 예년에 비해 장마도 길었다. 잠시 비가 개어 외출을 하려고 나섰는데 화단에서 오늘도 청개구리가 울고 있다. 왜 시냇물 풀숲에 묻어주지 이곳에 묻었느냐고 애처롭게 울어대는 것 같았다. 북풍한설 몰아치던 그해 두어 달 동안 청개구리와 함께 살았던 푸른 기억들을 나는 아직도 잊지 못하고 있다.

4부
그날도 오늘처럼 바람이 불었다

오후에 접어들면 서서히 바람이 일기 시작해 어떤 날은 강풍으로 변한다. 오늘도 순한 바람이 강풍으로 변하여 불고 있다. 대기가 매우 건조한 상태에서 바람이 강하게 불면 작은 불씨도 큰불로 이어질 수 있으니 특히 산불을 조심해야 한다.

별나라 여행

“괜찮을 거야.” 긴 여행 일정을 잡아놓고 스스로에게 힘을 주었다. 몽골과 바이칼호수도 기대가 되고 끝없이 질주하며 국경을 넘는 25시 횡단 열차도 타고 싶었다. 자질구레한 집안일에서 벗어나 자유로운 시간, 얼마 만의 여행인가. 여행을 결심하고 건강을 좀더 잘 관리해야겠다는 생각을 했다. 홍삼도 달여 먹고 남편의 후배가 잡은 붕어로 즙을 만들어 몸보신을 하고 걷기 운동도 열심히 하였다.

인천공항에서 늦은 오후에 출발하여 몽골의 울란바토르

에 도착해 숙소에서 잠깐 눈 붙이고 아침 일찍 여정을 시작했다. 나는 출발하면서 도착할 때까지 마스크를 착용하였다. 여우를 피해 가니 호랑이를 만난다더니 몽골의 울란바토르 시가지는 가로수 꽃가루가 날려 시야가 흐릴 지경이었다. 아~ 어쩌나. 호흡기 질환이 있는 나로서는 겁이 나는 상황이었다. 여행사 사장은 청정 지역이라며 나를 꼬드기더니 진짜 장사꾼의 말은 믿을 것이 못 된다는 말이 실감났다. 오직 마스크를 단단히 쓰고 손을 깨끗이 씻는 것만이 최선이었다. 몽골은 한국과 시차도 크게 나지 않고 기후도 약간 서늘하였는데 꽃가루만 아니면 좋았지 싶었다.

몽골의 수헤바토로 칭기즈칸 공원에서 웅장한 동상 앞에 섰다. 그는 100만의 인구와 10만의 군대로 세계 최고의 영토를 확보한 정복자였다. 전쟁을 통해서 얻은 영토보다 전쟁하지 않고 얻은 영토가 더 넓었다고 한다. 항복한 나라에는 철저히 관용을 베풀어 우군을 만들었다고 하니 그 영토보다 더 넓은 그의 마음을 보았다. 한 시대의 걸출한 지도자가 못다 이룬 야망 때문인가 눈을 부릅뜨고 있었다. 칭기즈칸은 무자비하고 잔인한 정복자로 알려져 있지만, 몽골에서는 영웅이자 국부로 추앙받고 있었다. 세계에서 가장 큰 제국을 이루고자 했던 칭기즈칸은 광활한 지역에서 전쟁의 처참함을 가져온 후에야 평화를 이룩했다고 한다.

세계문화유산인 테를지에서는 샤머니즘 깃발이 나부끼고 있었다. 과연 신의 존재는 무엇일까? 한없이 부족한 인간들은 신에 의지하여 살 수밖에 없다. 그들도 우리네 삶과 별다를 게 없었다. 유목민으로 초지를 찾아 떠도는 삶일지라도 가족과 말과 양들의 무탈함이 절실하게 신을 찾는 생활로 이어졌을 것이다. 그들은 섬기는 신들의 초상을 집 안에 모셔놓고 숭배하고 있었다.

유목遊牧할 수 있는 대지와 생명에 대한 감사함을 신에게 전하고 동물과 인간이 중심이 된 공간을 터전으로 삼고 관광객 유치에 나서고 있었다. 초봄의 대지에서 올라오는 작은 야생초들은 우리 꽃 같으면서도 어딘지 모르게 달라 보였다. 유목민의 집을 방문하고 마유주와 그것으로 만든 요구르트도 맛보았다. 맛이 순한 음료는 우리가 먹는 우유와 비슷했고 그들의 주식인 마유주도 크게 다르지 않았다. 관광객을 위해 지어진 몽골인들의 전통주택 '게르'

에서 하룻밤을 유숙하였다. '게르'는 열의 손실을 적게 하기 위함인지 천막으로 된 공 모양의 둥근 지붕이 이색적이다. 게르 내부 중앙에 난로를 설치하고 둥근 벽 가장자리에 침대를 두어 온 가족이 둥근 방안에서 난로 하나로 추위를 피하는 중앙난방식이다. 난로 속의 장작과 말똥 말린 연료가 타닥타닥 타면서 나그네들에게 온기를 제공해 주었다. 우리 일행도 빙 둘러진 침대를 따로 사용했다. '게르' 속 난로의 불은 조상 대대로 꺼지지 않게 지켜야 한다는 전통이 있다고 한다.

끝없이 펼쳐진 초원에서 자연 방목하는 말들은 물이 먹고 싶으면 개울로 내려와 목을 축이고 다시 초원으로 올라갔다. 그 모습이 질서 있고 평화로웠다. 승마 체험을 하는 곳인데 나는 말을 타지 못했다. 왕복 두 시간의 체험인데 한번 타볼 걸 하는 아쉬움이 남았다. 병원 주치의의 당부가 떠올라 참기로 하였다. 남들이 하는 것 모두 다 따라하지 말고 위험한 여행 코스는 심장에 무리가 되니 건너뛰라고 거듭 부탁했다. 응급약을 처방해 주면서 한국과는 달리 몽골은 병원도 찾기가 어려울 것이라고 하였다. 그야말로 목숨 걸고 하는 여행이었다.

세계 3대 별 관측 장소인 테를지의 높은 산을 오를 때는 숨이 차서 오르기가 버거웠다. 높은 산에서 별을 봐야 제대로 볼 수 있다는 가이드를 따라 깜깜한 밤에 손전등 하나에 의지하고 산길을 더듬더듬 올라갔다. 평평한 곳을 찾아 비닐과 방석을 깔고 누워서 하늘을 올려다보니 그곳이 바로 별천지였다. 반짝이는 수많은 보석이 손에 잡힐 듯 보이고 북두칠성과 함께 펼쳐진 은하수가 하늘 가득 떠 있어 쏟아질 것만 같았다. 이렇게 아름다운 별천지를 카메라에 담지 못한 것이 무척 아쉬웠다. 산을 오르면서 어찌나 힘들던지 저승 가는 길도 이렇게 힘들까 하는 생각도 들었다. 밤이라 기온 차가 심했다. 두툼한 겨울옷을 준비해서 다행이었다. 몽골 밤하늘의 별은 손을 뻗으면 잡을 수 있다고 했는데 오늘 밤은 손이 별에 닿지는 않았다. 그래도 별을 바라보며 누워 있는 밤이 무척 좋았다. 그대로 누워 별나라 여행을 하는 것도 좋을 듯싶었다. 은하수 강을 따라 노를 저어 저쪽 끝으로 가면 어디에 닿을까.

25시 횡단 열차 & 바이칼호수

열차 안에서 밤을 지새우는 여정이 이번 여행의 백미다. 다소 무리수가 따르겠지만 침대 시트는 깨끗하고 창문도 넓어 창밖으로 시선을 두니 그리 답답하진 않았다. 끝없이 이어지는 자작나무의 풍광을 즐기기에 넉넉했다. 수혜바토로를 출국해 러시아 횡단 열차에 올랐다. 이층 침대가 있는 열차는 긴 밤을 보내기엔 좁았지만 그리 불편하지 않았다. 덜커덩덜커덩 이렇게 요란스러운 기차를 타본 것이 얼마 만인가. 이 상태로 시베리아까지 질주한다니 마음이 느긋하다. 어지간히 떠들어도 민폐가 되진 않겠지 싶었다.

시베리아 횡단철도는 유럽의 모스크바와 아시아의 블라디보스토크를 잇는 총 길이 9,466km다. 우리나라 경부선의 20배가 넘으며 지구 둘레의 4분의 1에 가까운 거리이며 세계에서 가장 긴 철도다. 시베리아 횡단 철도는 군사적, 경제적 이유로 개설되었다. 18세기 이후 러시아가 시베리아로 진출하는 데 있어서 가장 큰 난관은 자연적 환경이었다. 1903년 첼리야빈스크에서 블라디보스크에 이르는 철도가 착공 25년 만에 완공되었다. 이 철도의 등장과 함께 시베리아도 본격 개발되기 시작하였다. 철로를 따라 인구 유입이 촉진되어 철로를 중심으로 대도시가 형성되었고, 대학교와 도서관, 극장이 들어서 문화적 대변혁을 가져왔다. 시베리아 횡단 철도를 통해 한반도를 직접 연결하는 새로운 실크로드의 개발이 필요한 시점으로 다가서고 있다.

블라디보스코를 출발한 기차에서 시베리아의 장대함이 차창 밖으로 펼쳐졌다. 시베리아 횡단 열차는 끝이 없는 숲과 자작나무, 원주민들의 정착촌 광활한 스텝 지대를 통과한다. 바이칼호수에도 어둠이 짙게 내려앉았다. 열차 안에서 창밖을 보니 한국에서 보던 초승달이 우리 일행과 같이 바이칼로 기울고 있었다. 칠흑같이 어두운 하늘에 떠 있는 초승달. 정든 임을 바라보듯이 한참을 바라보다 잠자리에 들었으나 잠이 오지 않았다. 저 초승달을 창밖에 걸어두고 나 홀로 어찌 잠을 이룰 것인가. 초승달에 손짓하여 열차 안으로 불러들였다. 초승달은 열차 안으로 들어오지 못하고 창문에 걸터앉아 나그네의 마음을 아는 듯 은근한 빛으로 마주 보며 길동무하자고 하였다. 초승달이 사라진 하늘은 호수인지 하늘인지 구분할 수 없을 정도로 어두웠다. 국적을 알 수 없는 사람들이 수없이 오가는 복도에서 시끌벅적한 소리가 들리더니 제복을 입은 경찰들이 총을 들고 내가 쉬고 있는 방으로 들이닥쳤다. 나중에 가이드한테 들으니 불법 체류자가 숨어 있나 순찰을 하였다고 한다. 하지만 여행객들의 가방까지 열어보라고 하는 것은 너무 심했다. 두 번씩이나 난리를 피우며 심지어 침대 밑까지 들춰보며 검색하였다. 열차는 새벽 5시 30분에 이르크츠크에 도착했다.

통나무집에서 아침을 먹고 에메랄드빛 바이칼호수를 보면서 나는 시력을 되찾은 기분마저 들었다. 그만큼 바이칼호수는 맑고 물빛이 고왔다. 오염이 되지 않은 쪽빛 호수는 신세계였다. 언제 또 이런 곳에 오겠는가. 일행 중에 호수에 발을 담그는 이도 있었지만 나는 추워서 엄두도 내지 못했다. 지평선이 보이지 않는 호수에서 새벽에 도착한 덕분에 일출의 장관을 볼 수 있었다. 눈부시게 파란 하늘에 주황빛이 휘돌다가 해가 떠오르는 순간 나는 탄성을 질렀다. 야호! 야호! 맑은 호수에 붉고 아름다운 윤슬이 반짝이며 나를 맞이하는 것이었다. 여행지에서는 날씨가 한몫한다. 오늘 같은 날 바이칼호수에서 일출을 보는 것은 커다란 행운이었다.

바이칼호수는 시베리아의 진주로 불린다. 수심이 세계에서 가장 깊으며 총 길이가 600km나 되는 거대한 규모로 알려져 있다. 큰 규모만큼이나 300여 개의 강에서 바이칼호수로 물이 흘러 들어오는데 밖으로 나가는 물은 앙가라강뿐이다. 이 강의 물은 시베리아의 예니세이강으로 합류되어 북극해로 흘러 들어간다고 한다. 바이칼호수는 지구상에서 단일체로는 가장 커다란 담수호다. 이렇게 깨끗하고 맑은 물을 손으로 떠서 마셨다. 가슴이 뻥 뚫리고 입안이 얼얼했다. 한가롭게 호수 둘레를 거닐어 보면서 며칠 쉬고 싶은 마음 간절했지만 그럴 수 없는 아쉬움이 남았다. 바이칼 앙가라 강가 사만 바위를 둘러보는데 역시 그 나라 민족들도 신에 의존해 살아가는 사람들이었다. 여러 소수 민족이 모여 살아서인지 알록달록 샤머니즘 깃발들이 강가 바위에서 천연색으로 나부끼고 있었다. 그들과 어울려 사진도 찍었다.

눈이 많은 나라 러시아에서 눈은 볼 수 없었다. 목조 건물에 기대어 바이칼호수를 물들이는 노을을 바라보았다. 이국의 풍경에 푹 잠겨 있는데 지척인 듯 삼천천의 노을이 옆으로 내려앉았다. 이제 돌아가는 여정을 밟아야 한다. 해가 지지 않는 나라, 해가 지는가 싶었는데 노을이 긴 여운을 남기고 있었다.

거위벌레의 생존전략

태풍도 불지 않았는데 갈참나무 가지가 부러져 이리저리 나뒹군다. 드디어 시작되었구나! 이 나무만 그런 게 아니라 산책길마다 수북이 떨어져 있다. 구월 초순에만 이 광경을 볼 수 있다. 올가을엔 놓치지 않고 때를 맞춰 잘 왔다.

이쪽에서는 방금 떨어졌는지 이파리가 제법 싱싱하다. 아직 크지 못한 알맹이들이 고만고만한 가지에 2개 이상 박혀 있다. 내가 도토리 삼 형제 가지를 들고 요리조리 바라보니 어떤 신사 분이 말을 걸었다. "왜 도토리가 이상하세요?" 도토리거위벌레라고 있는데 그놈의 짓이라고 했다. 초가을만 되면 거위벌레는 참나뭇과인 도토리나 상수리나무에서 기생한다. 알을 낳을 때가 되면 도토리 밑 부분에 구멍을 내어 그 속에 낳는다. 구멍을 깊이 파고 알을 낳은 다음 살짝 덮고 길고 뾰족한 부리로 도토리나무 가지를 잘라 땅으로 떨어트린다. 애벌레가 나오면 도토리를 갉아 먹고 땅속으로 들어가 성충이 된다고 하니 도토리거위벌레의 모성애가 얼마나 지극한지 짐작할 만하다. 바구미만 한 해충이 종족 번식을 위해 목숨 걸고 후손을 지켜낸다. 미물에게 감탄사가 절로 나온다.

도토리는 구황식품이었다. 배고픈 시절에 돈 들이지 않고 참나무 아래에 가서 주워다가 가루로 만들어 저장해두고 끼니를 해결했다. 오늘날에는 건강식품으로 주목을 받고 있다. 성인병 예방과 여성 질환에도 도움이 된단다. 쌉싸래하며 부드럽고 낭창낭창한 도토리묵 맛을 즐겨볼까 했는데, 도토리거위벌레의 습격으로 여물기도 전에 도토리는 낙하해 버렸다. 그래서 도토리가 그렇게 귀한 몸이 되었구나. 도토리의 미네랄과 타닌 성분은 혈관 내 나쁜 콜레스테롤을 배출시키고 고혈압, 동맥경화 등 혈관 질환에 좋다고 한다. 또한 따뜻한 성질은 위와 장을 튼튼하고 편안하게 해주는 효과가 있다 한다.

이렇게 사람 몸에 이로운 자연식품을 해충의 생존본능에 바치고 바라볼 수밖에 없는 현실이다. 그렇지 않으면 농약을 공중 살포해야 하니 그럴 수도 없는 일. 직접적이진 않지만, 간접적으로 착취당한 느낌이랄까 참 묘한 생각이 든다. 애당초 내 것이 아니었는데 손에 쥐었다 놓친 것처럼 야릇하다. 저 참나무들은 수령 몇 년이나 되었을까. 수많은 세월을 거위벌레의 생존을 위해 그렇게 잎과 알맹이들을 키워냈다는 것이 거룩해 보인다. 거위벌레는 도토리 속에 있는 벌레의 알이 떨어질 때 충격을 받지 않게 하기 위해 잎이 많은 것을 택한다니 참 영리한 미물이다. 열매가 땅으로 떨어지면 지상에서 부화하여 대를 이어간다고 한다.

도토리거위벌레의 이름은 처음에는 가위처럼 싹둑 자른다 하여 가위벌레라 했는데 그 조그만 벌레가 거위의 기다란 목을 닮았다 하여 도토리거위벌레라 명명했단다. 아름드리 참나무를 올려다보니 거위벌레는 보이지 않고 도토리 달린 가지는 거의 잘리고 무성한 잎만 바람에 나풀거리고 있다. 이 지구상에 살아 있는 모든 동식물은 종족 번식을 위해 최선을 다하는 것 같다. 도토리를 잃었지만, 종족 번식을 위한 미물의 몸부림에 경건해진다.

그날도 오늘처럼 바람이 불었다

꽃비가 내린다. 기상청에서는 연일 건조주의보와 동시에 산불주의보도 내렸다. 바람만 불고 비가 오지 않는 봄 가뭄이 길어지고 있다. 봄기운은 완연한데 봄 같지가 않다. 그래도 꽃은 피어나고 있다. 완산칠봉의 산벚꽃도 거센 봄바람에 흔들리며 꽃비로 흩날린다.

조용하던 날씨가 갑자기 바람이 불기 시작하더니 윙윙 소리까지 낸다. 요즘 날씨는 아침저녁으론 기온이 서늘하지만 낮의 햇살은 따뜻하다. 봄에 바람이 강한 이유를 기상청에서는 이렇게 말한다. 차가운 지면에 따뜻한 햇볕이 내리쬐면서 불균일하게 지면이 가열됨에 따른 현상이라고. 또한 공기의 상승이 일어나고 꽃샘추위로 인한 찬 공기와 따뜻한 공기가 교차하면서 기압 차가 커지기 때문이라고.

오후에 접어들면 서서히 바람이 일기 시작해 어떤 날은 강풍으로 변한다. 오늘도 순한 바람이 강풍으로 변하여 불고 있다. 대기가 매우 건조한 상태에서 바람이 강하게 불면 작은 불씨도 큰불로 이어질 수 있으니 특히 산불을 조심해야 한다.

농부들은 봄이면 밭을 고르고 갈며 농사지을 준비를 시작한다. 완산 기슭 아래에서 작은 밭을 일구기 위해 잡풀을 정리하고 지저분한 쓰레기를 태웠나 보다. 북서풍이 세차게 부니 검은 재가 이리저리 흩어진다. 순식간에 불똥이 때마침 불어닥친 강풍을 타고 산으로 날아가 푸석한 검불에 붙었지 싶다. 조금만 깊이 생각해봤더라면 산불이 나지 않았을 것을. 불은 걷잡을 수 없는 화마가 되어 이 봉우리 저 봉우리로 번지며 옮겨 붙었다. 산에서 불이 나면 도깨비불이 된다고 했던가.

우리 아파트 바로 앞산이 완산칠봉이다. 뿌연 연기가 산을 덮는가 했는데 헬리콥터 소리가 요란했다. 어디서 물을 실어 나르느라 여러 대의 헬리콥터는 분주히 산을 넘나들었다. 누가 신고를 했는지 소방차와 소방대원들 산 아래 사는 주민들의 노력으로 어두워지기 전에 다행히 산불은 잡혔다고 했다. 뿌연 연기는 깜깜한 밤하늘에서 한참 동안 걷히지 않고 머물러 있었다. 나는 밤이 깊어질 때까지 잔불이 살아나 번지지 않을까 마음이 조마조마하여 쉬 잠들지 못했다. 완산칠봉 매화봉 아래에서 시작된 불은 산 중턱을 타고 탄금봉 용두봉 능선을 타고 산책길을 건너뛰고 동쪽으로 무섭게 번졌다고 한다. 얼마나 불이 활활 탔으면 까만 소나무가 움푹 패이기까지 했을까. 민가로 번지지 않고 불이 잡히니 천만다행이다.

완산칠봉은 소나무가 주종을 이룬다. 이 정도 숲이 되려면 몇십 년 아니 수수만년 모진 눈보라와 비바람을 견뎌냈을 것이다. 산에 나무를 심는 것도 중요하지만 숲을 가꾸고 지켜내는 것이 더욱 중요함을 절실하게 깨달은 날이다. 잠시 빌려 쓰는 소중한 자연을 아끼고 보존해야 한다. 그리하여 빛나는 유산으로 후대에 물려주어야 할 의무가 우리에게 있다. 검게 타버린 덤불 옆에서 소 잃고 외양간

고치는 격으로 곳곳에 세워놓은 산불 예방 포스터가 오늘 따라 낯설어 보인다.

완산칠봉은 봉우리가 일곱 개다. 전주시 도심에 자리하고 있는 허파와 같은 푸른 산맥이다. 미세먼지에 시달리는 전주 시민의 휴식처로 사랑을 받고 있다. 언제 끝날지 모르는 감염병 코로나19가 전 세계를 흔들지만 곧 종식되리라 믿는다. 검게 타버린 대지 위에도 봄의 기운이 감돈다. 누가 뭐라고 해도 봄은 온다. 애끓는 연민이 앞선다. 얼마간 몸살을 앓고 나면 기운차게 올라오는 새생명들이 푸른 대지로 살아날 것이다. 그때 완산칠봉으로 찾아가 용두봉 소나무 아래에서 마스크를 벗고 심호흡을 하리라. 그날이 기다려진다.

소중한 만남

"잠깐만요, 저를 모르시겠어요?"

맞은편 길에서 다가오던 신사분이 비켜 지나가는 나에게 인사를 한다. 그 신사는 정중하게 인사를 하고 가려다 되돌아보며 나를 불러 세웠다.

그분이 모자를 벗은 뒤에야 나는 상대방을 알아볼 수 있었다. "아 신부님, 저를 알아보셨어요?" 하마터면 모른 채 그냥 지나쳐 버릴 순간을 신부님이 먼저 알아봐 주어 잠깐이지만 소중하고 귀한 만남의 시간을 가질 수 있었다. 오래전 신부님과 헤어지고 나서 강산이 세 번이나 바뀌었다. 어떻게 이런 곳에서 그분을 만날 수가 있었을까. 삶이 버거울 때 신부님이 생각나고, 뵙고도 싶었지만, 내게 주어진 삶이 녹록지 않아 까마득히 잊고 살았다.

살아가면서 우리는 수없이 많은 사람과 만난다. 나와 이종원 신부님과 만남은 우연이 아니고 내 일생의 지침이 되는 소중한 만남이었다. 내가 신혼 시절 종교 문제로 많은 갈등을 겪고 있을 때 신부님은 나에게 신앙의 길을 바로잡아 주신 정신적 지주이면서 아버지 같은 분이셨다. 군산 다녀오는 길 옥산저수지 둑에서 아름다운 정취에 취해 있던 나를 먼저 알아봐주신 신부님 덕분에 선물 같은 해후를 하고 마냥 들떠 있었다.

내가 처음 신부님을 만난 것은 결혼하고 남편 몰래 살금살금 도둑고양이처럼 성당에 다니던 때였다. 그런 나를 조심스레 타이르셨다. 주부는 가정을 제대로 지켜야 하고 믿음과 신뢰가 바탕이 되어야 하며, 어느 것보다 가족을 최우선으로 여겨야 한다고. 그렇게 함으로써 종교도 믿음도 바르게 가질 수 있고, 바람직하고 행복한 삶을 누릴 수 있다고 늘 내게 말씀해 주셨다. 성당의 수녀님을 우상처럼 여겼던 내가 성당에 가고 싶은 것은 너무나 당연한 이

유였다.

군산의 옥산저수지는 찬란한 햇빛이 비쳐 반짝거리고 뒤로는 병풍처럼 아늑하게 둘러쳐진 푸른 숲이 조화를 이루어 풍광이 무척 평화로워 보였다. 따뜻한 초봄 잔잔한 호숫가의 금잔디와 억새의 마른 꽃이 어우러져 퍽 인상적이었다. 옥산초등학교 교장 선생님 퇴임식에 다녀오는 길에 저수지에 들렀었다.

저수지 둑에 서서 감탄하고 있다가 신부님을 만난 것은 뜻밖이었다. 짧은 시간이었지만 그동안의 근황을 물으며 이야기를 나누고 헤어지면서 조금도 변하지 않아 쉽게 나를 알아볼 수 있었다고 하였다. 어찌 변하지 않았을까. 삼십여 년 전 내 모습은 웨스트 24인치에 긴 생머리의 발랄한 새댁이었다. 또 중년에는 단발머리였고, 지금은 짧은 파마머리에 펑퍼짐한 할머니로 변한 모습인데 잃어버린 한 마리 양을 찾아내듯, 그냥 스치지 않고 알아봐 주신 신부님이 정말 눈물이 나도록 고맙고 반가웠다.

당시 남편 하나 의지하고 낯선 시골에서 사는 내가 정을 붙일 곳은 신태인 성당뿐이었다. 이종원 신부님은 신태인 본당 주임신부님이셨다. 그때 남편은 취미로 새를 길렀는데 아기를 돌보듯 온갖 정성을 다 쏟았다. 교사인 남편은 집에서는 작은 새들을 키웠고 학교에서는 금계, 칠면조, 공작새를 길렀기 때문에 그때 내가 붙여준 호칭이 '새 박사'였다.

신부님은 가끔 지나가다 새를 구경하러 와서 새들을 살펴보셨다. 새에 관한 질문을 하고 설명을 열심히 들으며 새 박사와 조금씩 가까워지더니 남편은 마음의 문을 열기 시작했다. 우리 부부에게 종교의 중요성과 신앙인의 자세와 삶에 긍정적으로 다가서게 길을 열어 주셨다. 그렇게 지내다가 신부님은 다른 곳으로 떠나시고, 그 뒤 남편은 1년쯤 뒤에 '성 스테파노'라는 세례명으로 세례를 받았다. 우리는 남들처럼 성당에서 큰 직책을 맡아 헌신과 봉사는 못해도 이웃과 평화롭게 지내며 하느님이 보시기에 바른 삶으로, 성가정을 이루며 감사하는 마음으로 사랑을 실천하기 위해 노력하며 산다.

만남에는 내 의도대로 선택하는 인위적인 만남이 있고, 하늘이 맺어주는 자연스러운 만남, 천륜이 있다. 전자는 끊임없는 서로의 노력과 관심으로 바람직한 좋은 관계를 유지하기 위해서 낮은 자세로 따뜻한 배려와 함께 진솔하게 다가서야 관계가 지속될 것이다. 후자는 본인의 선택과는 달리 혈연의 만남이다. 서로가 인격체로서 사랑하고 존중하며 끝까지 책임을 져야 하는 천륜의 만남이다. 세상 마치는 날까지 인연의 끈을 소중하게 다듬고 간직해야 한다. 서로의 가슴속에 마르지 않는 샘물로 시작과 끝이 영원한 하늘이 내려준 섭리적 고리이다.

그동안 가까이했던 이들과의 만남이 나의 너그럽지 못한 마음으로 인하여 내 삶에 한 조각의 상처로 남아 있다. 왜 그랬을까. 그들을 이해하고 타산지석으로 삼았으면 좋았을 것이고, 내 삶도 성화될 수 있었을 것이다. 좋은 사람을 만나려면 먼저 자신이 '좋은 사람'이 되어야 한다고 했다.

내게 있어 신부님과 만남은 젊은 날의 소중한 삶의 지표指標였고, 은총이었다.

유럽 성지 순례

이탈리아 여행 중에서 바티칸시티 순례가 가장 인상적이었다. 나는 해외여행 특히 유럽여행은 포기한 지 여러 해가 되었다. 건강에 문제가 생기면서 차분하게 마음을 접었다. TV에서 방영되는 세계 테마 기행을 시청하는 것으로 만족했다.

유럽 성지 순례는 우리 성당에서 두 번이나 기회가 있었지만 참여하지 못했다. 내 체력으론 도저히 안 될 것이라 여겼기 때문이다. 그런데 이번에 기회가 또 왔다. 딸과 단둘이 하는 순례다. 이런 기회는 내 생애에서 두 번 다시 오지 않을 것이란 마음과 그래도 건강이 중요하니 포기해야 한다는 마음이 저울질을 하고 있었다. 결정을 못하고 성당의 조배실에서 여러 날을 기도하며 마음을 달랬다. 용기를 내어 주님께서 어두운 길 밝혀주시기를 간절한 마음으로 기도드렸다. 주님께 의지하며 모녀는 이탈리아 순례길에 올랐다. 이탈리아 여행에서 바티칸 대성당 순례 투어를 했다. 투어를 이끈 한국 청년 가이드는 친절하고 자상했다. 나를 어머니라고 부르며 각별이 신경을 써주었다.

로마에는 바티칸이라는 또 하나의 국가가 있다. 교황청이라고도 하는 바티칸시티는 전체 면적이 0.44㎢로 전 세계에서 가장 작은 독립국이다. 이곳은 전세계 가톨릭의 총본산이라는 성스러운 의미가 있다. 박물관에는 세계적인 거장 건축가이며 조각가인 미켈란젤로의 명작인 〈천지창조〉와 성당 내부에 대리석 조각품, 피에타상이 모셔져 있다. 또한, 라파엘로의 〈아테네 학당〉 등 책에서만 보던 훌륭한 예술 작품들을 직접 감상할 수 있는 이탈리아 미술의 보고이기도 하다. 성경책을 들고 다니며 바티칸박물관에서 해설하는 가이드의 설명을 귀를 쫑긋 세워 메모하며 열심히 들었다. 미켈란젤로의 〈천지창조〉는 성당 내부 천장에 그려진 그림인데 신비와 감탄에 앞서 어찌나 사람이 많은지 걸음을 옮길 수가 없었다. 가이드가 해설할 수 없다고 했다. 다른 순례자들에게 방해가 된다는 것이다. 국적을 알 수 없는 많은 사람이 밀리고 밀려 딸의 손을 꼭 잡았다. 내 의지대로가 아니고 그냥 서 있어도 몸이 움직였다. 딸의 손을 놓치면 꼼짝없이 국제 미아가 될 수 있는 형국이었다. 천지창조, 지옥의 문은 어떻게 봤는지 아쉬워 집에 와서 책을 보며 되새겼다.

바티칸 베드로 대성당에서 고개를 들어 올려다보면 미켈란젤로가 설계한 돔이 있다. 이 돔은 미켈란젤로가 설계하고 그의 제자인 델라 포르타와 마데르노가 완성시킨 돔으로 높이가 136.5m이며 총 537개의 계단을 올라가야 한다. 호기심은 발동하지만 내가 무슨 체력으로 계단을 빙빙 돌면서 저 높은 돔을 올라갈 수 있을까. 그것은 불가능한 일이라 여겨졌다. 돔 앞에서 딸과 헤어지게 되었다. 딸은 엄마를 떼어놓고 발걸음이 떨어지지 않지만, 정문 옆 오른쪽 기둥 앞에서 1시간 30분 후에 꼭 만나기로 약속하고 홀연히 사라졌다. 대성당의 중심인 금빛 찬란한

천 개의 문 정면 직선으로 돔이 있다.

돔 아래에는 4분의 성인이 펜을 들고 있다. 성 마르코, 성 루카, 성 마테오, 성 요한이다. 우리가 4대 복음이라고 알고 있는 《성경》 속 각 복음서의 저자들이다. 성 마르코가 들고 있는 펜이 작아 보이지만 그 펜의 길이만 해도 1.65m이다. 그러니 돔의 규모를 짐작하고도 남는다. 나는 일행도 없이 혼자 눈으로 새겨보느라고 눈도 아프고 올려다보느라 목도 아팠다.

미켈란젤로의 대리석 조각품 피에타상 앞으로 가까이 다가갔다. 대리석 조각품이라 해서 눈이 부시게 하얄 줄 알았는데 조명이 있어서였는지 금빛으로 보였다. 그 앞에는 편안히 기도할 수 있도록 긴 의자가 있었다. 잠시 쉬었다가 일어서서 그토록 와서 보고 싶었던 성모님을 알현했다. "피에타 성모님! 제가 왔습니다. 당신을 뵙고 싶어서 건강이 무리수인 줄 알면서 여기까지 왔습니다." 인사를 드리자니 눈물이 하염없이 흘러내렸다. 마음을 진정시키고 나서 생각하니 성모님의 모정이 얼마나 참담하였을까 죄송스러웠다. 마지막 숨을 거둔 예수님을 안고 계신 성모님! "주님, 자비를 베풀어 주소서! 저도 제 자식의 어미입니다." 미켈란젤로는 피에타상을 제작했을 때 25세였다. 유명하지도 않은 젊은 작가의 걸작이다 보니 오해하는 사람들이 있었다고 한다. 미켈란젤로는 자기 작품임을 확인시키기 위해 피에타상 어깨띠에 사인하였는데 훗날 사인한 것을 후회했다. 어느 날 황홀한 저녁노을을 보고 하느님은 저토록 눈부신 작품에도 흔적을 남기지 않으신 것을 깨닫고 미켈란젤로는 그 순간 부끄러워 다시는 그 어떤 예술품에도 사인하지 않았다고 한다.

피에타상 앞에서 긴 묵상 끝에 가방 두 개를 성모님께 맡기고 혼자 대성당을 두루두루 살폈다. 성당 내 성인 성녀의 조각 작품은 보는 이로 하여금 가톨릭 종교 역사의 흐름을 감탄하지 않을 수 없게 했다. 그 안의 소성당에서 미사를 드리는 팀이 있어 같이 참여했다. 천주교 미사는 언어는 통하지 않아도 참여할 수 있었다. 시간이 되어 약속 시각에 정문 옆 기둥에 나가 보니 딸이 눈물을 글썽이며 달려왔다. 여기서 엄마를 잃어버리면 어쩌나 마음을 졸였던 모양이다.

바티칸 광장에서 교황님 알현

베드로 광장에서 교황님 주례 미사가 있다니 새벽부터 로마에서 바티칸으로 택시를 타고 갔다. 교황님을 가까이서 뵙는다는데 택시비가 문제인가. 일찍 서둘렀지만 이미 어마어마한 인파가 입장을 기다리고 있었다. 전날 예약한 입장권으로 쉽게 줄을 서 입장했다. 아무리 둘러보아도 한국말을 하는 사람은 만날 수 없었다. 어디쯤에 자리를 잡아야 교황님을 가깝게 뵐 수 있을까 하면서 자리를 잡는데 딸이 스마트폰이 없다고 울상이다. 딸은 엄마에게 주었다는 것이다. 그러나 나는 받지 않았다. 입장할 때 검색대에서 흘린 것 같으니 빨리 가서 찾아보라고 했다. 수많은 인파가 자리를 다 잡았고 조용히 미사를 기다리는 순간이었다. 어느 검색대로 들어온 것을 모르니 검색대 1번 부스부터 차분히 찾아보라고 하니 딸은 또 엄마를 떼어놓으니 마음이 걸리는 모양이다. "엄마, 여기 중앙 탑에서 꼼짝하지 말고 내가 나타날 때까지 기다려 주세요. 여기서 헤어지면 큰일나요." 딸은 쏜살같이 달려갔다.

'아아~ 하느님 도와주소서!' 얼마를 기다렸는지 모른다. 한참 후에 "엄마! 스마트폰 찾았게 못 찾았게?"하면서 활짝 웃고 나타났다. "오오 하느님! 감사합니다. 우리에게 기적이 일어났어요." 1번 부스부터 5번 부스까지 뛰어다니며 물었는데 5번 부스에서 스마트폰이 어디 것이냐고 묻더란다. 삼성 갤럭시라고 하니 경찰을 불러 스마트폰을 가져오라 해서 주었다는 것이다. 여기서 주목해야 할 것은 역시 바티칸시티는 다르다는 거다. 세계적인 성지, 성스러운 도시, 하느님의 시선이 머무시는 곳. '바티칸 광장'. 거대한 군중 속에서 만일에 스마트폰을 잃어버렸다면 어쩔 뻔했는가. 10일 동안 이탈리아 순례는 허탈하게 되었을 것이고 스마트폰 없이 남은 여정 동안 길 찾기도 어려웠을 테니. 다행히도 소중한 물건을 찾게 되어 기쁘고 감사한 마음이 가득했다. 주님께서 우리 모녀의 길을 지켜주심에 베드로 광장 순례는 은총이었다.

바티칸 광장에서 지루할 정도로 미사를 기다리니 드디어 프란치스코 교황님이 오픈카를 타고 자비의 미소를 지으며 나오셨다. 교황님을 한 발짝이라도 가깝게 뵈려고 사람들이 몰려들어 점잖게 앉아 있던 줄들이 엉망이 되어 버렸다. 나는 비집고 들어가지도 못하고 사람들 틈에 끼어 밀리고 있는데 딸은 당차게 내 손을 잡고 들어가 의자에 올라서 손을 흔들고 사진을 찍었다. 마르코복음 5장 28절~34절의 말씀 '내가 저 분의 옷에 손을 대기만 하여도 구원을 받겠지'란 《성경》 말씀이 떠올라 "교황파파 비바파파"를 외치며 손을 내밀어 봤지만 도저히 손이 닿지 않았다. 바로 앞의 어린아이를 한 번 안아주고 다른 길로 들어서셨다.

교황님은 광장 상단에 착좌하셨는데 도무지 미사가 거행되지 않고 있었다. 어느 신부님의 인사 말씀으로 교황님을 소개하면 저쪽 부분에서 자기 나라 국기를 들고 환호했다. 얼마를 진행하다가 "코리아"라고 외치니 저쪽 앞에서 "와! 함성을 지르며 우리나라 태극기가 펄럭였다. 아! 우리나라 사람들이 저기 있었구나. 무척 반가웠지만 너무 멀어 인사도 나눌 수 없었다. 영성체도 없이 미사가 끝나다니…. 어쨌든 교황님을 2m 앞에서 알현했으니 이 얼마나 커다란 축복이고 영광인가.

이탈리아 순례길에 교황님을 뵙게 해준다는 딸의 기도가 이루어졌다. 나중에 귀국해서 《평화신문》을 보고 미사가 아니라 수요일이면 교황님 알현 식이 거행된다는 것을 알게 되었다. 기회는 또 오리라. 그때는 예수님 옷자락에 손을 대듯 교황님 옷사락을 꼭 붙잡을 거다. "비비피피 만세!" 이렇게 딸과 단둘이 하는 이탈리아 성지 순례 여정은 아쉬움을 남긴 채 사랑하는 조국의 땅으로 돌아오는 것으로 마무리되었다.

빌딩풍

일찍이 올여름은 무더위가 극심할 거라는 예보가 있었다. 그런데 긴 장마로 인해 더위가 기를 펴지 못하고 서늘바람이 불어왔다.

제5호 태풍 장미(Jangmi)는 한국에서 지은 이름이다. 8월 10일 필리핀 동쪽 해상에서 북상했다. 태풍 장미의 영향으로 전국에 비가 내려 극심한 가뭄이 해갈되었고 호남지방은 직접적인 영향을 받지 않고 순하게 지나갔다.

작년 이맘때 태풍 링링(Lingling)은 홍콩에서 지은 이름으로 소녀의 애칭이란다. 태풍이 불 때는 불필요한 외출은 자제하라고 매스컴에서 일러준다. 바람과 함께 억수로 비가 내리는 날 혼자 집을 지키고 있었다. 태풍은 언제나 비바람과 천둥 번개를 동반한다.

비교적 안전지대인 아파트 5층인데 어찌나 발코니 창호가 흔들리던지 불안해서 가만히 앉아 있을 수가 없었다. 천둥 번개와 작달비가 내리면서 금방이라도 어디에 벼락을 칠 것 같은 조짐이었다. 몇 초의 찰나에 갑자기 꽝 하는 굉음이 났다. 사람들은 이럴 때 간 떨어진다고 한다. 하지만 간은 무사했고 이거는 보통 소리가 아니었다. 분명 벼락 떨어지는 소리였다. 우리 집 발코니에 벼락을 치다니 믿기지 않았다. 하지만 분명 요 발치 끝에서 나는 소리였다. 바람이 잠시 조용해진 틈에 발코니 창호를 자세히 살펴보는데, 아! 커다란 유리가 그것도 고정된 유리가 쫙 일직선으로 금이 가 있었다. 이럴 수가! 이곳에 벼락을 치다니. 또다시 거센 비바람이 몰아치니 소름 끼치는 소리가 계속 나고 유리가 쫙쫙 갈라지며 앞뒤로 흔들렸다. 금방이라도 날카로운 유리 조각이 쏟아질 것만 같았다. 안절부절못하다가 번개가 멈춘 틈을 타 관리실에 전화했다. 관리실 직원이 허겁지겁 달려왔는데 갈라진 유리문을 멀찍이서 보더니 너무나 무서웠던가 "가까이 가지 마세요. 위험해요." 이 말만 되풀이하고 슬그머니 가버렸다. 아무런 도움도 되지 못했다. 가슴이 쿵쿵 뛰어 어찌할 바를 모르다가 남편에게 전화하니 도무지 전화를 받지 않았다. 시간이 지남에 따라 비바람은 점점 잦아들었다. 저녁때가 되어서 들어온 남편은 깜짝 놀라며 가까이 다가가 유리 조각이 쏟아지지 않게 테이프로 붙였다. 행여 내가 손이라도 다칠세라 벌벌 떨었다. 만일 날카로운 유리 조각에 베인다면 큰일이다. 나는 지혈이 안 되는 체질이기 때문이다.

우리 집이 태풍 링링으로 인해 피해를 봤다고 하면 사람들은 믿지 않는다. 하지만 사실이고 다큐멘터리 같은 실화다. 그날의 그 무시무시한 공포는 잊지 못한다. 그러고 나서 우리 집은 큰 공사가 벌어졌다. 쪼개진 문만 고치느냐 아니면 태풍이 불어도 덜컹거리지 않게 오래된 전체의 발코니 창호를 교체하느냐 기로에 놓였다. 쉬 결정을 내리지 못했다. 전체를 교체하려면 수백만 원을 준비해야 한다.

태풍 링링으로 인해 흑산도에 순간 최대풍속 54.4m/s로 역대 5위를 기록하였고, 전남 서해안에서는 초속

40m/s 이상 충남, 전북 서해안에서는 30m/s 이상의 기록이다. 태풍이 지나간 자리는 가뜩이나 힘겨운 농어촌에 큰 피해로 남는다. 우리 집도 적지 않은 재산 피해가 난 셈이다. 결국, 발코니 창호 전체를 교체하기로 결정을 봤다. 오래된 집인데 태풍 링링이 새집으로 탈바꿈시켜 주었다. 이런 일을 겪은 후로 TV에서 태풍이 온다는 방송만 보면 온 신경이 곤두선다.

도시에서는 고층 아파트나 빌딩 사이에서 부는 바람이 있다. 빌딩풍은 고층 빌딩 사이에 일어나는 풍해風害라고 한다. 넓은 공간에서 불던 바람이 빌딩 사이로 불어닥치면 공간이 좁아져 바람이 훨씬 강해진다. 강해진 압력으로 뻥 뚫린 아파트 사이로 빠져나가면 다행이다. 그런데 방향을 잘못 틀어 아파트 베란다나 빌딩 유리창에 부딪히면 바람이 빠져나가지 못해 그 강한 힘으로 두꺼운 유리도 파손시킨다는 것이다. 그리하여 '빌딩풍'이란 신조어가 생겼다고 한다. 거센 바람으로 인한 '신종 재난' '사회적 재난'이라 한다. 이제는 태풍이 많은 계절에 사회적 이슈로 주목받고 있다.

'산 위에서 부는 바람 시원한 바람. 그 바람은 좋은 바람

고마운 바람.' 무더울 때 아파트에서는 맞통하는 문만 열어젖히면 진짜 시원하다. 우리는 이 아파트로 이사 올 때 시야나 바람이 막히지 않게 탁 트인 사이드를 택했다. 문만 열면 바람이 시원하고 달도 보이고 별자리도 찾을 수 있다. 달 밝은 밤에 난간으로 나오면 달만 두고 방으로 들어가기가 못내 아쉬워 달빛과 볼에 비비는 바람을 외면할 수가 없다. 이렇게 고마운 바람이 무기가 되어 재산과 인명의 피해를 주다니 참 아이러니하다.

자라 보고 놀란 가슴 솥뚜껑 보고도 놀란다고 했던가. 아파트 광장을 지날 때 옷자락을 휘감는 바람만 불어도 가슴이 덜컥 내려앉는다. 언제 어디서 빌딩풍으로 변신하여 달려들지 모르기 때문이다. 우리 집 베란다 유리를 박살 낸 범인 빌딩풍이 다시는 출현하지 않기를 바라본다.

더위를 피해 찾은 숲속의 단상

빰을 스치는 바람이 상쾌하다. 아침 일찍 더위를 피해 숲을 찾아 나섰다. 연일 폭염이 계속되고 있다. 세계적으로 기후 온난화가 불러온 무더위라고 한다. 시간이 일러서 그런지 이곳저곳에 빈 평상이 놓여 있다. 벌써 어느 부부는 일찍 그늘진 곳에 자리를 잡았다. 계곡 주변은 물놀이하는 팀에게 미리 양보하고 어차피 우리 부부는 물놀이는 하지 않을 거라 안쪽으로 자리를 잡았다.

일단 자리를 잡아 놓고 걷기 운동을 시작했다. 바람은 시원해도 등줄기에서 계속 땀이 흘렀다. 한 시간쯤 돌고

만보기를 보니 팔천 보를 걸었다. 그늘만 따라 걸었다. 준비해 온 아침을 먹고 만 보를 채우리라. 여름날엔 밑반찬을 준비해서 여차하면 오늘처럼 도시락을 싸 들고 가까운 곳으로 나가면 좋다. 아침 운동하고 숲속에서 먹는 밥은 소찬이지만 맛이 있었다. 이런 맛을 꿀맛이라고 하던가.

저쪽에서 아이들을 데리고 대가족이 들어온다. 계곡엔 가뭄이 심해도 물은 있지만 시원하게 흐르지 않는다. 그래도 아이들은 튜브를 타고 재잘대며 물놀이를 한다. 저쪽에 자리잡은 부부의 연령대가 내 나이쯤 되어 보인다. 저들도 우리와 같은 마음으로 피서를 나왔겠지. 그쪽 부부는 밥을 먹으면서도 부인은 남편에게 계속 부채질을 해준다. 등 뒤에서도 앞에서도 쉬지 않고 부채질을 하고 있다. 식사가 끝나고 산책을 하면서도 부인은 남편을 바짝 따라다니며 부채질을 한다.

그들에게서 시선을 떼고 하늘을 올려다봤다. 구름 한 점 없는 여름 하늘 쭉쭉 뻗어 하늘 높이 올라간 나무들이 뜨거운 해를 가려주고 있다. 그다지 깊은 산속은 아니지만 서로 어우러진 녹색의 숲이 오늘따라 마음에 든다. 나뭇잎 사이로 눈부신 햇살이 반짝인다. 사람들이 왜 숲을 좋아하는지 알 것 같다. 나무들의 키는 비슷하지만 종류는 여러 가지다. 상수리 도토리 참나뭇과의 나무들은 앙증맞은 열매를 매달고 있었다. 느티나무 감나무 편백도 보였다. 저만치에 분홍색 배롱나무가 녹음 속에서 화사하게 자태를 드러내고 있다. 무궁화 꽃은 언제 봐도 정겹다. 지난해 이맘때 무궁화 꽃이 만발했을 적에도 왔었다. 어찌나 많이 매달려 있는지 화려하기까지 하다. 내 초록의 시절에는 무궁화나무가 초가집에 울타리를 두르고 있었다. 그래서인지 무궁화는 친근감이 들어 가까이 다가가서 자꾸자꾸 오래오래 바라보고 싶다.

남편은 그늘진 평상에 누워 오수를 즐기고 나는 혼자 시원한 숲길을 걸었다. 여기 온 목적이 그늘 속에서 유산소 운동을 하기 위해서이지 그냥 쉬러 온 것은 아니다. 금산사 들어가기 전 넓은 숲과 계곡에서 아이들 떠드는 소리가 청량하게 들린다. 계속해서 숲길을 걷다가 보니 조금 전 그 부부, 남편은 평상에 누워 있고 부인은 누워 있는 남편을 내려다보며 연신 부채질을 하고 있다. 건강이 나빠 보이진 않는데 모를 일이다. 지극정성 아기 돌보듯이 한다. 오늘은 바람이 시원하게 불어 부채도 필요 없는 날이다.

그런데도 참으로 충성스러운 부인이란 생각이 든다.

우리나라 남자들은 나이가 들어도 집안일은 여자의 일이라 여겨 거들떠보지도 않고 어린아이처럼 돌봄만 받으려 한다. 저쪽 부부도 충성이 지나친 걸 보니 뻔해 보인다. 집에서도 식탁에 숟가락 하나 놓지 않으며 이것저것 심부름만 시키면서 고마운 줄도 모르고 당연한 일로 여길 것이다. 아내가 외출했을 때 식탁에 있는 사과 한 개 깎아 먹을 줄 모르고 심지어 수박 한 조각도 잘라 먹을 줄 몰라서 수박도 썰어 놓아야만 먹을 것이다. 어떤 이는 자기 남편은 샌님이라서 그런 일을 하면 안 된다는 식으로 말한다. 서로 존중하는 것은 바람직하지만 언제까지 떠받들며 살 것인가.

이웃에 사는 한 가족은 아내가 허리 수술하고 몸조리를 하는데 끼니때가 되면 누워 있는 아내를 발로 툭툭 치며 '어이 밥 차려. 밥 차려야지.' 하더라는 것이다. 그때는 참았지만 그 서운함은 십 년이 지나도 불쑥거린다고 하였다.

아내도 쉬고 싶을 때도 있을 것이다. 더위에 지쳐 있는 아내를 위해 남편이 수박 몇 조각을 손수 잘라 아내 앞에

내미는 서비스쯤은 노년 세대에도 필요하지 않을까. 그것은 지고지순한 사랑이지 남편의 자존심이 추락하는 일은 결코 아니다. 요즘 젊은이들은 엄마가 자식을 과잉보호하는 것을 소위 맘충이라고 칭한다. 관심을 두는 것은 좋지만 지나친 보호는 원치 않는다는 것이다. 한평생 남편과 자식 뒷바라지에 헌신했으니 하루쯤 밖에 나와서 서로가 동등한 입장으로 토닥여주고 위해주면 좋겠지 싶다.

숲은 봄엔 연둣빛이 아름답고, 여름엔 녹음으로 울창하게 우거져서 좋다. 매미 한 마리가 우니 여기저기서 목청껏 따라 울어댄다. 아파트에서도 매미 소리는 있지만 숲속의 매미 소리는 다르다. 이이들 떠드는 소리만큼이나 생동감이 있어 뜨거운 팔월의 여름을 실감나게 한다.

하늘 아래 집 한 채

아파트 생활을 시작한 지 20년이 되었다. 큰 불편을 느끼지 못하고 살다 보니 세월이 그렇게 흘렀다. 집이란 불편하지 않은 교통 여건에 저녁이면 가족들이 편안히 쉴 수 있는 공간이면 되는 줄 알았다. 그런데 집이란 휴식과 충전의 공간뿐 아니라 미적인 감각과 희소가치가 더해졌을 때 보다 나은 삶의 공간이 된다는 것을 알게 되었다. 어렵게 집을 장만하고 이사도 참 많이 다녔다. 아이들을 키울 때는 집이 좁기만 했는데 아이 둘을 출가시키고 부부만 살게 되니 넓기만 하다.

이사철만 되면 서울의 집값이 폭등한다는 뉴스를 보고 가슴이 철렁한다. 아들딸이 서울에서 살고 있기 때문이다. 언제쯤이나 우리 아들도 서울에 집을 마련해서 걱정 없이 살 수 있을까. 지방 도시와 서울의 집값은 비교도 안 된다. 뉴스를 볼 때마다 마음이 우울해졌다. 아들이 전주에서 고등학교를 마치고 서울에서 대학을 다녔고 직장도 서울이다. 결혼하여 신혼집을 마련하는 데 보탬이 되어주지 못했다. 대학을 잘 마치고 좋은 직장을 얻어 정직하게 꾸준히 벌어 알뜰하게 살면 그다지 고생하지 않고 집도 마련하리라 믿었다. 하지만 아들이 결혼할 무렵에 서울의 집값이 폭등해 마음이 착잡하였다. 2년 전에는 그 돈이면 아파트 전세를 구할 수 있었다. 하필이면 아들이 신혼집을 구할 때 집값이며 전셋값이 폭등한단 말인가. 굳이 신혼집이 아파트여야 할 이유는 없었다. 아파트 살이를 포기하고 작은 빌라에서 행복의 계단을 올라야 했다.

며느리를 대할 때마다 미안한 마음이 들었다. 아들은 그곳에서 이사하지 않고 5년을 버티며 살았다. 서울에 주소를 두고 생활한 것이 대학 생활을 포함해서 십 년이 넘었다. 서울 사람이 되기 위한 발판으로 적지 않은 시간이다.

그러한 까닭으로 열심히 저축하고 까다로운 여러 조건을 맞춰 서울에 아파트를 분양받았다.

2019년 가을이었다.

"어머니, 아파트 당첨됐어요. 운이 좋았던 거 같아요."

"어! 잘됐구나! 축하한다. 고생했다."

아들의 생애 첫 집이다. 나는 자식이 집을 마련하지 못해 마음 한구석이 늘 무거웠는데 아파트가 당첨됐다는 말에 하늘을 날 것처럼 가벼워졌다.

서울의 집값은 정부에서 특단의 조치를 해도 천정부지로 오르기만 했다. 애덤 스미스의 '보이지 않는 손'은 현대의 주택시장에도 적용되어 생산과 소비의 관계망에서 공급자 위주의 시장이 지배하고 있다. 한때는 공급 과잉으로 미분양 사태가 벌어져 집값이 하향 곡선을 그리기도 하였지만, 지금은 그 반대의 곡선을 그리고 있다. 주택시장이 상승 곡선으로 꺾일 줄 모르고 고공행진을 할 때, 일부에서는 아파트는 분명 떨어진다, 또 다른 쪽은 어림없는 소리 절대 안 떨어진다, 두고 봐라. 이렇게 불안한 시점에서 대출까지 받아 서울의 아파트를 분양받는다는 것은 모험이라고 했다. 내 집 한 채 없는 사람들은, 하늘에서 별

따기라는 말은 바로 서울에서 아파트 분양받기라는 말과 통한다고 한다.

소설가 이청준은 1970년대 대학을 졸업하던 해에 1965년을 회고하며 이런 말을 남겼다. "서울에 그처럼 환한 불빛과 창문들이 많아도 자기 한 몸뚱이 깃들일 곳을 위해서는 이 도시가 얼마나 비좁고 매정스러운 곳인가를 알게 됐다." 대학을 졸업하며 깃들 곳 없는 서울에서 쫓겨나지 않기 위해 전력을 다했다고 회고했다. 그는 "이 자랑스러운 도시 서울에 내 집 한 칸을 지니려고 20대 30대를 갖은 노력과 봉사로 온몸을 바친 느낌이 든다."라고 고백했다.

사실 1960, 70년대나 2000, 2020년대나 대한민국 전체를 따져놓고 볼 때 서울은 다른 지방에 비해 문화 시설이 살아 움직이는 공간이다. 서울은 정치적, 경제 사회적인 면이나 교통의 편리성 등 대한민국 전체의 중심축으로 형성되어 있다. 누구나 서울을 알면 서울에서 살고 싶어 한다. 지난날 나는 우리 아이들을 서울에 위치한 대학에 보낸다는 것만으로도 많은 위로가 되었다. 조선 시대에도 다산 정약용이 유배지에서 자녀들에게 "서울을 벗어나는 순간 모든 기회는 사라지니 무슨 일이 있어도 서울에서 버

터라."라고 했다지 않은가. 서울이라는 도시는 과거에도 현대에도 선망의 도시라 하겠다.

이렇게 집 한 칸 마련하기 위해 평생을 바쳐야 함에도 사람들은 서울을 동경하며 서울을 떠나려 하지 않는다. 오늘날 서울의 집 한 채는 집값 그 이상의 의미를 지닌다. 만약 젊은이들이 서울에 자신이 소유한 집이 있다면 결혼과 출산도 큰 고민 없이 할 것이고 2세를 낳는 문제도 큰 문제로 여기지 않을 것이다. 먹고 살 걱정보다 각자의 개성에 맞는 꿈을 키우며 살게 되리라. 오죽하면 전생에 나라를 구한 사람이라야 서울에 집을 가지고 산다고 하겠는가. 집은 주거 공간이면서 현재의 삶과 미래의 희망을 담을 수 있는 그릇이다. 부디 서울에서 젊은이들이 하우스푸어가 되지 않기를 바라고 기대해본다.

오늘따라 하늘이 구름 한 점 없이 쾌청하다.

5부
우아하게 나이 먹기

내가 어쩌다가 문학의 길에 들어섰던가. 그 길은 외롭고 쓸쓸한 오솔길 같았는데 칠십령 고개에 들어서니 비로소 길이 보이는 듯하다. 이제 남은 삶은 생의 끝자락 부여잡고 곱게 순리에 따라 우아하게 나이 들어가야 할 일이다.

군자란

꽃은 철 따라 피고 진다. 꽃이 피어야 하는 군자란이 소식이 없다. 먼 데서 온다는 자녀를 기다리듯 매양 군자란 화분을 들여다봤다.

군자란은 이른 봄에 피는 꽃인데 사월이 다 지나도록 꽃대가 올라올 기미가 없었다. 이상하다. 군자란도 해거리를 하나. 화분을 바라보면서 안타까워했다. 남편은 꽃도 피지 않는 군자란은 버리자고 하였다. 나는 조금 더 기다리자고 했다. 오월도 지나고 유월 초순에 꽃대가 올라왔다. 혹시 영양이 부족해서 꽃이 작지나 않을까 했지만, 꽃을 탐스럽게 주황색으로 보란 듯이 피워냈다. 화사하게 피어 있는 군자란 꽃 앞에 섰다.

어머나! 군자란이 사람 말을 알아들었나 봐요. 당신은 꽃도 안 피는 군자란은 화초가 아니라고 했잖아요. 미안해서 어쩌나! 그러고 보니 꽃이 시들 때쯤 옆에 있는 포기에서도 힘차게 또 하나의 꽃대가 올라오고 있었다. 기다리면 이렇게 예쁜 꽃을 피워내는 것을 그 사이 꽃도 없는 식물이라고 무시했으니 군자란에게 당연히 사과해야 할 것이다. 군자란은 일 년에 한 번 피는 꽃으로 알고 있다. 그런데 이상한 일이다. 올여름은 100년 만의 더위로 무더위가 기승을 부릴 무렵 군자란이 또 꽃을 피워냈다. 아니 군자란이 이 폭염 속에서 꽃을 피우다니 고맙기도 하고 안쓰럽기도 했다. 뜨거워서 어찌 견디나 싶었다. 시들시들 피는 게 아니라 더위를 즐기며 장장 여러 날을 당당하게 피우며 견뎌냈다. 꽃잎이 질 때쯤 우리 집에 좋은 일이 있으려나 하는 기대감마저 들었다.

군자란 꽃은 늦게 피었지만 제 할 일은 훌륭하게 다한 셈이다. 군자란에게는 우리 집 베란다가 우주일 것이다. 우주는 자연의 순리를 거스르지 않는다 했다. 조금 늦었을 뿐이다. 꽃도 시대를 따라가나 보다. 요즘 젊은이들은 취업이 늦다. 따라서 결혼도 늦고 애도 늦다. 부모들은 애가 탄다. 사회적 흐름이려니 하는 생각도 하지만 어디에 하소연도 못한단다. 공중을 날아다니는 새도 짝이 있는데 하물며 내 자식이 짝이 없다니 말도 안 되는 소리다. 결혼 적령기를 훌쩍 넘은 청년이 홀로 지내는 것을 보면 한숨이 절로 난다.

예전에는 부모가 짝을 맺어주었지만 요즘은 본인들이 자신에게 맞는 상대를 고르고 찾아 본인의 성격과 취향이 맞아떨어져야 결혼이 성립된다나. 기다리다 지쳐 있을 무렵 마흔 줄에라도 혼인이 성사되면 춤이라도 추고 싶다는 것이다. 늦게라도 배우자를 찾아 데려오면 오죽 좋으련만 자식은 늙은 부모 곁에 머물러 살기도 한다. 이런 가족을 캥거루 가족이라고 말한다. 그러다 혼자서 독립하게 되면 1인 가족이 된다. 아무 걱정이 없는데 자식 짝을 못 맺은 것이 죄인 같다고 탄식하는 사람도 있다. 지인의 아들은 마흔이 되어서 혼인을 했다. 그의 어머니는 죄수가 감옥 생활을 마치면 이렇게 홀가분할 것이라고 했다. 얼마나 답답했으면 그런 표현을 했을까. 부모님 애태우고 늦은 혼인을 했지만 귀여운 손자도 안겨주고 사람 노릇 하면서 잘 살고 있다.

마흔이면 어떻고 쉰이면 어떤가. 인연을 만나는 일이 어디 그리 쉽던가. 인연이 더디 와서 그런 것을. 불가에서는 부부의 연은 억겁을 기다려야 부부로 만난다고 하였다. 그만큼 부부의 연은 쉬 이루어지는 것이 아니라는 뜻일 게다. 우리는 하느님으로부터 선택과 축복을 받고 사랑으로 살아가라는 명을 받았다. 긴 세월을 검은 머리가 파뿌리 되도록 사는 것도 바람직하지만 어떻게 사느냐가 더 중요할 것이다. 늦은 나이에 혼인 생활을 하면 부부싸움도 안 할 것 같다. 온유한 마음으로 서로가 이해하고 사랑할 시간도 부족하니까 말이다. 한 발짝 물러서 숨 한번 크게 쉬고 침 한번 꿀꺽 삼키면 엉킨 실타래가 풀리지 않을까. 가정 공동체도 끊임없는 노력이 필요하다.

비록 때늦게 꽃을 피웠지만, 우리 집 군자란도 성공한 삶이다. 내년 봄에는 제때에 꽃대가 올라오기를 소망하며 한 발짝 더 가까이 다가가 바라본다. 늦게 핀 군자란처럼 늦은 나이에 결혼한 대한민국의 젊은 부부들이 날마다 사랑으로 새날이 되기를 바란다. 현재 진행 중인 취업 준비생들도 늦게 피는 꽃이다. 그들의 미래를 위하여 온 우주의 기운을 모아 마음껏 축원하고 싶다.

모시옷

숨이 턱까지 차오르는 더위 때문에 집 밖에 나갈 엄두도 내지 못하는 나날이었다. 선풍기 두 대를 앞뒤로 틀어놓고 여름 피서를 즐기기로 하였다.

언젠가 모시옷 한 벌이 훈풍을 타고 나에게 살포시 배달되었다. 입어보지는 않았지만 주는 사람 성의를 생각해서 뽀얗게 세탁을 해서 보관해두었다. 그러기를 3년째. 무더위에 어디 갈 수도 없고 심심해서 모시옷을 꺼내 보았다. 다시 푸새해서 입어보았다. 교우는 키가 훤칠한 사람이고 나는 아담 치수다. 옷이 맞을 리가 없었다. 옷을 요리조리 살펴보고 어떻게 리폼을 할 것인지 궁리를 해도 도저히 가늠이 서지 않았다.

옷을 준 그미와는 가까이 지내는 터다. 귀한 모시옷이니 성의껏 고쳐 입고 싶었다. 일단 옷을 선풍기 앞에서 해체하기 시작하였다. 다시 다림질해서 디자인을 짜보고 도면을 그렸다. 거추장스러운 주머니를 뜯고 보니 모시옷이 가벼워졌다. 옷을 뜯는 데 이틀이 걸렸다. 후유~ 한숨 돌리고 쉬었다가 신문지로 재단을 하여 다시 맞춰 보았다. 아무 생각 없이 일에만 집중하다 보니 땀이 촉촉이 나는데도 더운 줄을 몰랐다. 하루 세 번씩 샤워하면서 디자인한 대로 옷이 만들어졌다. 소매 달기 전에 입어보고 소매 한 쪽 달아서 입어보았다. 재봉틀에 박음질한 모시옷을 다시 뜯어내기란 쉬운 일이 아니기 때문이다.

기성복을 새롭게 리폼하는 일은 쉬운 일이 아니다. 옷은 치마와 긴소매 남방 속에 받쳐 입는 민소매 옷을 포함해서 3개였다. 남방의 소매를 뜯어 민소매 블라우스에 달고 남방은 요즘 유행하는 긴 조끼로 만들었다. 블라우스는 칼라도 만들어 붙였다. 남방에 붙어 있는 꽃을 하나 뜯어 블라우스에 붙여 완성하였다. 손수 고친 모시옷이 손색없는 외출복이 되었다. 다시 빳빳하게 푸새를 하고 깔끔하게 다림질하여 또 입어보았다. 손수 옷을 고쳐 입을 수 있다는 것이 마음 뿌듯하다. 이 옷을 입고 어디에 갈까. 거울 앞에 서 보니 웬 귀부인이 나를 보고 웃고 있다. 옷을 입었다 벗었다 하면 땀이 많이 난다. 옷을 입어볼 때마다 에어컨을 켜고 거실에서 거닐어 보았다. 모시옷은 푸새하기가 까다로워서 그렇지 입는 사람도 시원하지만 보는 사람도 시원하게 한다.

예전에 명주옷은 따뜻하기로 말하자면 사촌까지도 다습다는 속담도 있었다. 명주옷은 다듬이질로 옷감을 손질한다. 명주는 비단이다. 얼마나 부드러웠으면 마음이 비단결처럼 곱다는 말이 있겠는가. 명주는 아기 피부처럼 부드럽지만 모시는 까슬까슬하여 피부에 달라붙지 않는 것이 최상이다. 명주의 자르르한 자태는 이제 실크로 대신한다. 실크도 모시옷도 손질하기는 비슷하다. 차분한 마음으로 도를 닦듯 깨끗이 빨아놓은 옷에 풀을 쑤어 주무르고 또닥거려 다듬이가 없으므로 발로 밟아 주름을 펴줘야 한다. 세탁소에 맡기면 그 수고로움을 덜 수 있지만 손수 손질하는 맛이 있다. 이 두 천연 소재는 신축성이 없어 불편하기 그지없다. 그러나 고풍스런 멋과 품위를 살리기엔 이 소재만 한 것도 없다.

올여름에 네 살짜리 손녀가 왔다. 예전에 어머님이 입으셨던 한산 모시 저고리로 아기 옷을 만들어 입혔더니 "할머니, 이게 뭐야 꽃도 있고 예쁘다. 그런데 콕콕 찌르고 불편해."라고 하였다. 아뿔싸! 네 살 아기가 신축성 없는 모시옷이 불편한 것을 알고 있다니 옷을 입혀놓고 미안하였다. 하얀 한산 모시에 작은 주머니를 달고 예쁘게 수를 놓아서 만들었다. 나의 관점에서는 시원하다는 것만 생각했지 불편하다는 생각은 하지 못했다.

에어컨이 보급되면서 사람들의 의상이나 여름 침구들의 소재도 달라졌다. 시원하지만 구김이 많이 가는 모시보다 구김이 덜 가는 인견을 선호한다. 개성이 강한 현대인들은 편리한 제품을 애용한다. 그러나 합성섬유는 편리함을 넘어 쉽게 사들이고 버리고 자연환경과 지구 생태계를 위협한다는 사실을 알았으면 좋겠다.

여름 동안 일주일에 걸쳐서 리폼했던 새하얀 모시옷을 입었다. 성당에서 미사 시간에 봉사하면서 많은 찬사를 받았다. 학이 금방 날아오를 것 같다는 칭찬을 받으며 좀

쑥스럽기도 하였지만 애써 만든 보람이 있었다. 이 나이가 되어 보니 옛것이 그리워지고 귀한 것도 알게 된다. 내년 여름에는 모시옷을 갖춰 입고 미소지으며 향교 마당 배롱나무 꽃길을 걷고 싶다.

손편지

남녘의 봄바람은 훈풍이었다가 다소 맵게 불기도 합니다. 봄은 여인의 옷자락에서 시작한다니 때론 매서운 바람이 불어도 여인들의 옷차림은 가벼워지고 있습니다. 상자 하나가 봄바람에 가마 타고 우리 집에 도착했어요. 봄바람 가마를 살며시 열어보니 귀한 물건 속에 곱게 접은 손편지도 있었어요. 손편지는 받기만 해도 마음이 들뜹니다. 예쁜 글씨는 중년의 여성 글씨체 같았어요.

행촌수필문학상 수상 자리에 함께하지 못해 아쉬웠다며 스마트폰 카톡방의 사진을 보면서 즐거웠다는 내용을 글로 써 보내주셨지요. 한복의 자태와 색상, 모양이 단연 돋보여 흐뭇하셨다고요. "그만하면 아직 청춘이네." 축하의 메시지와 더불어 앞으로 더욱 정진하여 환한 일 이루라는 덕담도 보태 주셨습니다. 카톡으로 하는 인사치레에 익숙한 나에게 손편지는 보석과도 같았어요. 전에도 몇 차례 손편지를 주시어 감동만 했지 답장을 쓰지 못한 저는 전화로 안부를 전하곤 했습니다. 그동안 받은 몇 통의 섬섬옥수로 쓴 편지는 내 서랍 속에 고이 모셔 놓았습니다.

봄바람을 타고 가마에서 내린 귀한 물건은 손수 바르고 접고 오리고 붙인 한지 공예품이었어요. 문양도 색상도 묵직하고 단단해서 결코 가볍지 않은 작품이었고요. 어쩌면 이토록 섬세하고 조화롭게 문양을 구상하였을까. 꽃과 잎 열매, 열매 옆에는 예쁘게 봄옷을 입은 노란 새가 원앙처럼 얼굴을 마주하고 있고, 윗면에는 엉겅퀴 꽃인지 발그레한 꽃이 피어 있고요. 한귀퉁이는 붉은 모란이 자태를 뽐내고 있으며 또 한 면에는 찔레꽃이 만발합니다. 찔레꽃 향기가 방안을 가득 채우는 듯싶었어요. 안쪽에는 '93세 할머니의 작품'이라는 사인도 보입니다.

한지 공예품은 시간이 오래 걸릴 뿐더러 한 작품을 완

성하려면 허리의 힘도 좋아야 한다고 들었습니다. 눈도 아프고 손목이며 손가락의 마디마디가 힘겨운 노동일 텐데 정성을 다해 만드셨을 노고에 머리 숙여 감사한 마음을 전합니다. 몇 년 전에도 한지 공예 작품을 주셨는데 화장대 위에 올려놓고 조석으로 바라보며 패물함으로 쓰고 있습니다. 몇 점 안 되는 액세서리가 귀한 한지 공예품 상자 안에 있으니 진주알이 더 영롱해 보입니다. 언젠가 댁으로 찾아뵈었을 때 집 안에는 한지 공예 소품들이 곳곳에 놓여 있어 아기자기하고 멋스러웠지요. 수년간 갈고 닦은 내공과 솜씨로 한지 공예품 대회에 출전하여 수상도 하시고 그 경력이 대단하시다는 이력은 알고 있습니다. 조만간 찾아뵐 마음은 있는데 코로나19 전염병이 창궐하고 있으니 선뜻 나서지 못하고 있습니다. 전화선 너머로 목소리라도 들으며 안부 인사드립니다.

형님께서 92세에 발간하신 두 번째 수필집 《저 외딴집에는 누가 살고 있을까》는 마치 지금 살고 계신 농가주택을 일컫는 수필 제목 같아요. 다양한 과실나무가 있고 집 뒤란으로 병풍처럼 낮은 산이 둘러쳐지고 넓은 마당 돌다리를 지나서 집으로 들어가는 현관문이 있지요. 채전에는 형님께서 손수 가꾸신 채소들이 남실거리고요. 마을에 이웃들이 있어도 외딴집처럼 보였어요. 한겨울에 눈이 소복이 내리면 백석의 〈가난하고 외롭고 높고 쓸쓸한〉 시를 외우는 당신이 주인공이십니다. 사르락사르락 눈 내리는 소리 들으며 까치와 자연을 벗삼아 지내시니 수필의 제목이 딱 맞아떨어졌네요. 《저 외딴집에는 누가 살고 있을까》 저자께서 이제 그토록 원했던 전원주택에서 사시니까요. 마음껏 흙을 만지며 채전을 가꾸시는 모습이 눈에 선합니다. 봄이면 메주로 장을 담그고 예쁜 것들의 파란 모습과 더불어 문학의 세계로 사유의 나들이하시길 기원할 뿐입니다. 저로서는 따라할 수도 흉내낼 수도 없는 경지에 이르신 당신께 감히 어찌 글벗이라 칭하고 문학 선배라 하오리까. 일전에 보내주신 《순우리말 사전》은 짬을 내어 읽고 있습니다.

제가 몸이 안 좋을 때 싱싱한 낙지 먹고 벌떡 일어나 기운차리라고 편지와 함께 금일봉을 주셨지요. 그 은혜는 두고두고 가슴속에 간직하고 있습니다. 제가 형님이라 부르는 분, 그렇게 저를 아껴주신 분은 당신뿐이십니다. 큰 힘이 되었고 제가 반드시 일어나야 한다는 이유도 되었지요.

지난여름엔 집수리도 했습니다. 싱크대를 새로 들여놓으니 대리석 식탁이 산뜻하게 썩 잘 어울리고요. 구색이 맞아떨어졌어요. 올봄에는 전주 남부시장 새벽 장에서 운좋게 가자미를 만났지요. 백석의 당나귀와 가자미와 고추장이 생각이 나 덥석 한 상자를 구입했어요. 가자미 젓갈도 담그고 소금 뿌려 말려서 노릇하게 구워 고추장에 찍어 먹으며 백석의 흉내를 내 보았습니다. 약속하기만 했던 세월이 지나고 건강이 좋아지는 것은 저를 걱정해 주고 기도해주시는 분들이 계시기 때문이라는 생각이 듭니다.

풋풋한 봄의 기운을 받으며 만보기와 더불어 비록 느린 걸음이지만 만 보를 채웁니다. 둑길에서 걷기 운동을 하다 보면 봄이 왔다고 생명들은 파릇이 물이 오르고 새싹을 올립니다. 사람도 수목들처럼 봄이라고 생기 돋아나면 얼마나 좋을까요. 찬란하게 내려앉는 봄볕 속에 화사하게 피어나는 봄꽃처럼 생기 돋아나소서. 봄바람이 차갑습니다. 부디 건강 살피소서.

2021년 완산칠봉 앞에서 이금영 올림

위로받는다는 것

희뿌연 날은 계속되었다. 날씨가 개면 걷기 운동을 할까 하고 창밖을 내다보았지만 여전히 회색 하늘이다. 현관문을 나서다가 포기하고 막 돌아서려는데 새소리가 들렸다. 그런데 오늘은 다르다. 노래가 아니라 무엇을 애타게 호소하는 듯싶었다.

새의 소리를 들으면 사람들은 새가 노래한다, 또는 새가 운다고 말한다. 듣는 이의 마음 상태에 따라 우는 소리로 들리기도 하고, 아름답게 노래하는 소리로 들리기도 할 것이다. 나는 후자의 소리로 듣고 싶다. 어디서 새소리가 날까 하고 주춤거리며 소리 나는 곳으로 방향을 잡고 있는데 그 소리는 내 귀에서 나고 있었다. 아! 낮은 비명과 함께 나는 그 자리에 털썩 주저앉았다.

케에 케에 케에케 처음 듣는 새소리였다. 이를 어쩌나 어떻게 살아야 하나. 한쪽 귀에서는 고장난 형광등 소리가 나고 또 한쪽 귀에서는 새소리가 나다니 눈앞이 캄캄하였다. 눈물이 주르륵 흘렀다. 새소리는 애처롭게 잠시 그쳤다 이어졌다를 반복하고 있었다. 얼마만큼의 시간을 꼼짝도 못하고 앉아 있다가 정신을 차려야지 하고 마음을 다잡았다. 새소리는 조금 멀리서 가까이서 들리는 듯했다. 마음을 곧추세우고 가만히 들어보았다. 소리 나는 방향을 잡았다. 귀를 쫑긋하고 다시 들어보니 창밖에서 들려오고 있었다.

아니 이 추운 겨울에 어떤 새가 저리도 애타게 울면서 나를 놀라게 할까. 이명이 이제 양쪽 귀에서 나는 줄 알고 잠시나마 좌절하지 않았던가. 새소리가 자꾸만 신경쓰이고 귀찮았다. 참다못해 새를 찾아 쫓아내려고 집을 나섰는데 새소리가 뚝 그쳤다. 잠시 기다려 보았지만 들리지 않았다. 돌아서서 집안일을 할라치면 새는 또다시 울었다. 아파트 뒤쪽에 은행나무가 있는데 그곳에 새가 있지 않나 싶었다. 그러다 저녁이 되었다. 남편한테 새 이야기를 했더니 "아! 그래. 낮에 우는 새는 배가 고파 울고 밤에 우는 새는 임이 그리워 운다는데 낮과 밤을 가리지 않고 울어~ 내가 나가서 쫓아버려야지."하면서 밖으로 나갔다. 새소리가 뚝 그쳐 깜깜한 밤에 새가 어디에 있는지 찾을 수가 없어 그냥 들어왔다고 하였다. 그러다가 밤이 깊어지니 계속 울었다. 케에 케에 애달프게 울었다.

다음 날은 새벽부터 겨울비가 내렸다. 비가 오는데도 새는 그칠 줄 모르고 울고 있었다. "새야, 그만 울어. 네가 그렇게 울면 나도 울고 싶어져." 건강이 나빠지면서 마음도 우울하였다. 새는 찬비를 맞으며 애간장이 타도록 울다가 한낮이 되니 울음소리가 그쳤다. 비도 개었다. 내 귓가에서 이명처럼 들리던 새소리도 멎었다. 이렇게 조용하다니, 새소리가 이명이 되어 나를 평생 따라다닐까 봐 얼마나 절망했던가. 귀가 조용해졌다. 왼쪽에서 들리는 이명쯤은 이제 아무것도 아니었다. 신경쓰지 않기로 했다. 마음이 편안하다. 그 새 이름이나 알아둘 것을. 찬비를 맞으며 울던 새는 나를 그렇게 위로하고 나에게 살아갈 수 있다는 희망과 용기를 주고 떠나가 버렸다. 위로는 사람만이 하는 것이 아니었다. 언어 소통도 안 되는 이름 모를 새가 나에게 이명으로 괴로워하지 말라는 새 삶의 메시지를 주었다.

몹시도 추운 겨울날 공원에서 걷기 운동을 하다가 하늘을 올려다보았다. 어쩌면 하늘이 저리 푸른가? 나에게도 저렇게 푸른 날들이 분명 있었을 터인데 기억이 나지 않는다. 겨울날은 햇볕이 사라지면 싸하니 찬 기운이 돈다. 하늘도 저리 변화가 있는데 사람의 일도 좋은 날만 있지 않을 것이란 생각은 했었다. 그렇지만 나하고는 거리가 먼 일인 줄 알았다. 한번 무너진 건강은 되찾기가 어려웠다. 하루도 빠짐없이 겨울 하늘 아래서 잠시라도 햇볕을 쬐기 위해 걷기 운동을 쉬지 않았다. 겨울 볕이 내 몸엔 보약 같았다. 맑은 하늘에 햇볕이 쨍쨍 나더니 금세 구름이 몰려와서 해가 보이지 않았다. 내 삶의 어둠을 보는 것 같아 초라해진다. 요즈음 나의 행동반경은 집 근처다. 이만큼이라도 걸을 수 있어 답답함을 달랠 수 있으니 다행이고 감사하다. 시선을 돌려 앙상한 나무 꼭대기에 매달려 있는 까치집을 본다. 공중을 날아다니는 까치들이 이곳에 오면 친구가 된다. 그들도 혼자는 외로웠던지 이층집도 짓고 이웃사촌들도 있다. 서로 오가며 까악까악 소통도 한다.

하찮게 여겼던 부정맥이 그렇게 위험하다는 것을 모르고 살았다. 무지에서 병을 키워 심장에까지 영향을 미치게 되었다. 심장 시술하고 이명이 나타나 많이 힘든 날들이 이어지고 있었다. 육체가 건강하지 못하면 정신건강에도 문제가 있어 모든 사고思考가 피폐해지는 것 같다.

아무리 어렵고 힘겨운 일도 시간이 지나면 매듭이 풀리고 해결이 되는 법이라 하였다. 이제는 좀더 긍정적 사고로 살아야겠다고 순간마다 다짐한다. 주치의는 나에게 산전수전 다 겪었으니 모든 일을 내려놓고 마음을 비우라 하였다. 케에 케에 위로하고 날아가 버린 새에게 "새야, 고맙다."라고 하늘을 보며 소리쳤다. 멀리서 희미하게 메아리가 들려온다.

심장이 둘이라니

심장이 둘이라니, 내 심장으로는 살 수가 없어서 인공심장박동기를 왼쪽 가슴에 달았다. 심장이 규칙적으로 뛰어야 하는데 불규칙할 때나 정지 상태일 때 인공심장이 전기자극으로 대신 일을 해준다.

전북대학병원에서 심장을 시술받고 4일 만에 퇴원하여 요양병원으로 들어갔다. 인공심장박동기가 내 몸하고 적응을 못하고 트러블이 자꾸만 일어났다. 맥이 사정없이 뛰는가 하면 또 서맥이 심해서 어지러웠다. 다시 응급실에 가니 주치의 선생이 말했다. 심장이 하나라야 하는데 둘이 되었으니 남편이 둘이라고 생각하고 부부는 한몸이듯이 심장도 둘이지만 하나처럼 잘 적응해야 한다고, 그렇지 않으면 위급 상황이 나타나 큰일이 난다고.

내가 어쩌다 남편이 둘이 되었나. 대학병원 특실에서 하루 더 입원하고 몸 상태를 살폈어야 했는데 하루 일찍 퇴원한 것을 후회하였다. 특실 입원비가 너무 고액이라 하루 먼저 퇴원한 것인데. 요양병원에서도 보호자와 같은 병실에서 잠을 못 자니 집으로 보내고 나 혼자 입원했다가 큰일날 뻔하였다. 몸도 가벼워지고 괜찮은 것 같았는데 두 발짝을 못 걷고 한밤중에 간호사를 호출하고 잠을 잘 수도 없었다.

겨울은 추워야 겨울이라고 하지만 몹시 추우면 몸도 마음도 움츠러든다. 2년 전 실낱같은 희망으로 신촌세브란스 병원에서 부정맥(전기 자극) 심장 시술을 받고서 차츰 좋아질 거라고 했는데 두 달쯤 되어 부정맥이 재발해 버렸다. 낮은 혈압에 맥이 제대로 뛰지 못하니 살아 있는 사람이 아니었다. 대학병원 응급실을 안방 드나들 듯하니 심장과 교수님은 48시간의 부정맥을 측정하려고 가슴에 홀터를 부착시켰다. 평소에 생활은 가능하다고 이상 징후가 있을 때 체크하라고 하였다.

빈맥과 서맥, 심박동이 멈추는 시간을 기계로 검사한 것에서 교수님이 딱 집어내는 것이었다. 심장은 잠시만 뛰지 않으면 정지됨을 기계가 그래프로 알려주고 기절할 위기가 되었을 때 인공심장박동기를 달아야 한다는 것이다. 2년 전부터 해야 했는데 가능하면 내 힘으로 살아보려고 버티다가 몸만 더 망가지고 있었다. 결국 심장박동기를 삽입하는 시술 날짜를 잡았다. 몹시도 초조하고 기운이 없고 말수도 줄어들었다.

하필이면 독감이 성행하는 계절에 시술을 받게 되어 더욱 불안하였다. 집에 있을 때는 나만 아픈 것 같은데 병원에 가면 웬 환자들이 그리 많은지 어수선하기 이를 데 없다. 여기서 쿨룩 저기서 쿨룩. 담당 교수님을 신처럼 믿으며 심장 시술하는 날이 다가왔다. 시술이 끝나면 입원실에서 치료를 받아야 하는데 나는 누구와도 같은 방을 쓸 수가 없는 사람이다. 1인실을 사용해야 하는데 1인실이 없어 특실을 예약했다. 내가 살아보겠다고, 어떻게든 살고 싶어서 심장을 두 번째 시술하는데 특실 입원비가 대수인가. 특실 입원은 4박 5일이다. 하루 입원비가 43만 원이다. 다인실 입원비는 1만 원이지만 다른 사람이 같은 방에서 인기척만 해도 신경이 곤두서버린다. 옆 침대의 환자가 전화만 해도 가슴이 쿵쿵거리니 견딜 수가 없었다. 시술 전부터 배고프다고 했더니 교수님이 시술 끝난 후 밥을 보내주었다. 인정이 많고 참 고마운 분이라 생각했지만 사실상 마취에서 깨어나니 너무 피곤해서 잠만 원없이 자고 또 잤다. 그동안 불면증으로 고생한 것에 대한 보상이라도 하듯이.

우리나라는 의료보험제도가 잘되어 있다. 이젠 심장질환과 폐 질환도 의료보험이 적용되고, 만성질환자나 암환자 등에게 중증 진단이 내려지면 수술비의 0.5%만 내면 된다. 시술비가 보험이 안 되면 천만 원이 넘는다고 하였다. 다행인지 불행인지 중증이 적용되어 시술비를 면제받을 수 있었다. 전북대학병원 심장내과 이경석 교수님의 뛰어난 의료 기술 덕분에 심장 시술은 잘되어 퇴원하였다. 그리고 성바오로 복지요양병원으로 가서 다시 입원하였다. 그런데 회복이 늦어 움직이면 가슴속 심장이 먼저 움직였다. 몇 발짝 아니 한 걸음도 걷기 힘이 들어 화장실에 갈 수도 없으니 희망이 없었다. 원래 내 심장이 제대로 뛰지 못할 때 그 순간에 인공심장박동기가 인지하여 전기 자극으로 대신 움직이게 하는 것이라 했는데 회복이 더디다 보니 매사에 의욕은 사라지고 눈물만 흘러내렸다. 내가 이렇게까지 살아야 하는지 무엇 때문에 살아야 하는지….

왼쪽 가슴에 붙여진 인공심장박동기는 우리 성당에서 미사 시간에 받아 모시는 성체만 하다. 성체를 모실 수 있는 또 하나의 심방이라는 느낌으로 주님이 내 안에 머물러 계시기를 간곡히 청한다. "주님, 제 안에 주님을 모시기에 합당치 않사오나 한 말씀만 하소서. 제 영혼이 곧 나으리이다. 아멘."

인형의 집

내가 요양병원에 들어온 것도 벌써 두 번째다. 처음 왔을 때는 1인실에서 조용히 있거나 병원 마당에서 햇볕을 쬐며 마당 돌기를 하였다. 병원 뒤편 산책길에 십사처가 있어 예수님 수난을 묵상하며 묵주기도를 바쳤다. 병원 장독대엔 크고 작은 옹기들이 많아 몇 개나 되는지 세어보기도 하고 눈이 소복이 내렸을 땐 바라보는 것만으로 마음이 푸근해지기도 하였다.

그런데 이번에는 무서운 독감이 유행하고 있어 간호사 수녀님들은 병실 밖으로 한 발짝도 나가지 못하게 하였다. 좁은 1인실에서 티브이가 유일한 친구요 벗이었다. 가져다주는 밥을 먹고 창문 너머로 햇볕을 바라보고 이따금 지나가는 자동차를 바라보는 게 내 일과였다. 몸을 움직이는 것 자체가 힘들었는데도 불구하고 시간은 흘러갔다. 의사 선생과 간호사의 회진이 있었고 내가 기다리는 사목담당 노 수녀님은 온화하고 다정하셨다. 매일 오셔서 많은 위로와 말벗이 되어주었다. 그리고 요양하러 왔으니 무엇을 하려고 애쓰지 말라고 당부하셨다. 《성경》을 필사하거나 계획대로 기도를 열심히 하려고 하면 그 또한 스트레스니 모든 걸 내려놓고 푹 쉬라고 일러주셨다. 사목담당 수녀님이 안 오신다면 그야말로 창살 없는 감옥이었다. 생각을 좀 유연하게 하자면 유리 상자 속에서 입 다물고 있는 인형 같았다. 내가 할 수 있는 게 아무것도 없었다.

어느 때인지 잘은 기억나지 않는데 한때 인형의 집이 유행이었던 때가 있었다. 동양적인 인형은 한복 의상으로, 서구적인 인형은 화려한 드레스를 입은 공주가 유리 상자에 서 있거나 앉아 있었다. 생일 선물이나 집들이, 상가 개업식에 딱 어울리는 예쁜 선물이었다. 그런 인형들은 예쁘기나 하지 나는 여기 요양병원에 환자복 입은 까칠하고 나이 든 말라깽이 인형이지 싶다. 그래도 나는 음식을 먹을 수 있고 손에 묵주를 들고 기도하며 말은 할 수 있고 한두 발씩 움직이고 있지 않은가. 지인들의 면회도 성당 식구들 방문 기도도 일절 사절하니 외롭고 쓸쓸하였다. 내가 할 수 있는 것은 이 모든 상황을 감사하게 받아들이는 감사기도를 마음에서 떠나지 않도록 하는 것이었다. 그래야 버틸 수 있었다.

늘 하는 기도 지향은 어느 누구한테도 서운하거나 나쁜 기억하지 않기, 좋은 기억 떠올리기였다. 복지병원 내 수녀님들의 따뜻한 미소는 얼어붙었던 내 마음을 봄눈처럼 녹아내리게 하였다. 이렇듯 마음을 바꾸게 하는 것도 주님께서 주시는 축복이라 여기게 되었다.

처음 입원하던 날 간호과장 수녀님에게 무엇이 그리도 억울하던지 울면서 답답한 마음을 다 쏟아내었다. 수녀님은 늦은 밤 시간인데도 아픈 상처를 위로해 주셨다. 이곳에서는 나보다 더 큰 아픔이 있는 환우들이 서로를 의지하며 건강체조 〈에너지 송〉으로 아침을 연다. 그녀들은 고통 중에도 미소를 잃지 않으려 애쓴다. 그들이 움직이는 인형이라면 나는 움직임도 없는 인형이 되어 있었다. 그들과 같이 체조는 할 수 없지만 그들에게서 인형도 웃으며 살아야 한다는 진리 안에서 미소를 배우는 계기가 되었다. 다른 고통받는 이들을 위로하며 주님의 축복과 은총 내려주시기를 늘 기도했다. 그때 간호과장 수녀님, 접수처 담당 수녀님은 미소를 잃어버린 나에게 입꼬리를 추켜올리면서 미소짓는 연습을 시켜주었다. 미소가 한두 번 연습한다고 되겠는가. 병원에 있는 동안 거울을 보며 연습을 많이 했다. 그렇게 상자 속의 인형은 미소를 되찾을 수 있었다.

이 밤도 편히 쉬게 하소서

아침 7시 30분 수술대에 반듯하게 누워 손발이 묶였다.

"마음 놓으시고 저만 믿으십시오. 불편한 점이나 아픔이 느껴지면 말씀해주세요."

"네, 교수님만 믿겠습니다. 주님 저를 도와주시고 지켜주소서."

그리고 정신이 가물가물해지며 따끔따끔하였다. 참기 힘들게 통증이 있을 때는 "아파요."라고 가늘게 말도 하였다. 내 심장을 의사에게 맡기고 제정신으로 돌아온 데는 3시간 30분 정도 걸린 것 같다.

병실로 돌아오니 12시간 동안 똑바로 누워 움직이지 말라고 했다. 몸을 옆으로 해도 안 되고 무릎을 구부려도 안 된다. 대소변도 받아내야 하는 상황이었다. 몸이 마취에서 깨어나면서 내 몸에 이상이 왔다. 평소에도 발바닥이 뜨거워서 잠잘 때 발을 내놓고 잠을 잤는데 심장 시술하고 마취가 풀리면서 못 견디게 발바닥이 뜨거웠다. 불덩이 같았다. 그러다가 손바닥까지 불덩이가 되었다. 내가 담당 교수 좀 뵙자고 하소연을 해도 간호사는 마취가 풀리면 누구나 고통스럽다며 참으라고만 하였다. 열을 재보더니 정상이라며 내 고통을 무시해버렸다. 얼음 팩이라도 달라고 부탁했지만 소용없었다.

나는 아들에게 얼음주머니를 만들어 달라고 하였다. 병원 정수기에서 얼음이 나오는 것을 보았던 터라 얼음을 구할 수 있었다. 손수건에 얼음을 싸서 발바닥과 손바닥을 식힐 수 있었다. 얼마나 침대 난간을 붙잡고 몸부림을 쳤던지 난간이 불덩이처럼 뜨거웠다. 왜 이렇게 쇳덩이가 뜨겁냐고 했더니 아들은 엄마가 붙잡고 몸부림쳐서 뜨겁다고 하였다. 발바닥 손바닥의 열기가 가라앉으니 이번에는 뒷목에서 불이 화끈거렸다. 뒷목에도 얼음주머니로 베개를 했다. 가슴도 불덩이 같아서 가슴에도 얼음을 올려 놓았다.

발바닥이 진정되니 입이 바짝 타들어갔다. 얼음으로 입안을 식혔다. 평소에 찬물 한 모금도 못 넘겼었는데 얼음으로 입안을 식힐 수밖에 없었다. 몸이 어느 정도 안정이 되니 그제야 간호사가 얼음 팩을 들고 왔다. 정수기에서 얼음이 나온다는 것을 몰랐더라면 나는 어쩌면 손발과 가슴 뒷목이 뜨거워 미쳐버렸을지도 모른다. 천만다행이었다. 남편과 아들이 점심과 저녁을 같이 굶고 어찌할 바를 모르고 고생하고 있었다. 나에게는 천군만마와도 같은 지원군이었다. 가족이 곁에 있어 서럽지는 않은데 눈물이 끝도 없이 흘러내렸다. 엄마를 간호하려고 아들이 직장에 휴가를 냈다. 대소변을 받아내야 하고 움직이지 못하니 물도 마음대로 먹을 수 없었다.

대정맥 자리는 9시간, 대동맥 자리는 12시간을 지혈해야 한다는 것이다. 시술 후 9시간이 지나서 제자리에 간신히 앉을 수 있었다. 입이 바짝 말라 아들에게 신맛이 나는 자두를 사 오라고 하였다. 신 것을 조금만 먹어도 입안에 침이 돌 것 같았다. 자두는 없다고 방울토마토를 사 왔다.

아무리 찾아다녀도 자두를 구할 수 없어서 제 아내한테 부탁하였다고 한다. 며느리가 백화점 몇 군데를 돌아서 자두를 구해 왔다. 나는 목이 탄다는 이유로 한겨울에 복숭아를 찾은 옛사람과 다를 바가 없는 사람이 되었다. 서울은 북쪽이라 자두가 철이 일렀던 것이다.

자리에 앉아서 움직이지 못하고 자두를 입에 물고 갈증을 이겨내고 있었다. 그 시간에 담당 교수가 부교수 인턴을 거느리고 회진하면서 나를 보더니 "열심히 먹는구먼." 하면서 지나쳐버렸다. 얼마나 서운했던지 눈물이 핑 돌았다. 좀 어떠냐고 한마디 물어 주었더라면 위로가 되었을 것이다. 나는 높고 큰 산을 죽을힘을 다해 넘은 것처럼 지쳐 있었다. 심장을 시술하고 나면 내 심장이 방망이질 치지 않고 숨쉬기도 좋아질 거라고 기대했었다. 그러나 기대가 너무 컸다.

심장 말고도 견디기 어려운 일이 있었다. 시술한 후부터 숨쉬기는 좀 편해졌는데 오만 가지 소리가 귀로 들리는 것이 아니라 심장으로 들리는 것이었다. 병원이라 어수선해서 그런가 하며 퇴원하여 집으로 왔다. 두어 달 지나면 분명히 나아질 것이라 했는데 별반 차도가 없었다. 잠을 못

자며 작은 일에도 놀라고 가슴이 쿵 내려앉았다. 한 달 후에 담당 교수는 24시간 기계를 달고 하는 홀더 검사, 심전도에서 부정맥은 나타나지 않았다고 반가워하였다. 나는 고맙다는 인사 대신 "교수님, 저 좀 살려주세요. 잠 좀 자게 해주세요."라고 말하였지만 서서히 치료가 될 것이라며 수면제 15일, 안정제 30일분을 처방할 뿐이었다. 두 달 복용하고 다시 검사하자고 했다. 수면제 15일분을 더 추가해서 KTX를 탔다. 잠 못 드는 짧은 여름밤은 긴긴 밤이 되어 무섭기까지 했다. 이런 증상이 후유증인가. 잠 못 드는 불면의 밤은 지속되고 약에 의지하지만 이 만큼이라도 주님의 은총이라 여기며 오늘도 감사의 삶으로 지내고 있다.

"주님, 저에게 자비를 베푸시어 이 밤도 편히 쉬게 하소서."

천 개의 바람이 되어

나의 사진 앞에서 울지 마요/ 나는 그곳에 없어요.
나는 잠들어 있지 않아요/ 제발 날 위해 울지 말아요
나는 천 개의 바람/ 천 개의 바람이 되었죠
저 넓은 하늘 위를/ 자유롭게 날고 있죠
가을엔 곡식들을 비추는/ 따사로운 빛이 될게요
겨울엔 다이아몬드처럼/ 반짝이는 눈이 될게요
아침엔 종달새 되어/ 잠든 당신을 깨워줄게요
밤에는 어둠 속에 별 되어/ 당신을 지켜 줄게요
나는 천 개의 바람/ 천 개의 바람이 되었죠
저 넓은 하늘 위를/ 자유롭게 날고 있죠
저 넓은 하늘 위를/ 자유롭게 날고 있죠

나는 이 노래를 자주 듣는다. 바다 위에서 별이 되어버린 소년 소녀들. 별이 되고 바람이 되어 저 높고 넓은 푸른 하늘을 거침없이 날 수 있는 바람이 되었다 한다. 가고 싶은 곳 어디나 갈 수 있다니 참 위안이 되는 노래다. 그래 이젠 눈물을 거둘 때다. 그러나 잊어서는 안 된다.

봄에는 노란 민들레꽃으로 피어나고, 여름에는 시원한 바람이 되어 주고, 가을에는 따사로운 햇볕이 되어 곡식과 과일들을 여물게 하고, 겨울엔 다이아몬드처럼 반짝이는 보석 같은 눈으로 오히려 살아 있는 사람들을 위로하겠다는 어여쁜 대한민국 소년 소녀의 영혼의 시다.

이 세상에 귀하지 않은 자식이 어디 있겠는가. 눈에 넣어도 아프지 않을 귀한 자식 고이 키워 꿈을 이루도록 이끌었는데 꿈에서도 믿지 못할 일이 넓고 깊은 푸른 바다에서 저질러지고 말았다. 이런 일이 꿈이라면…. 노란 옷을 입은 엄마들은 진도 앞 망망대해를 바라본다. 엄마들의 상처는 조금도 아물지 않았다. 너무 깊고 예리해 아물지 못한다. “엄마, 살아서 곧 돌아갈게요. 사랑해요. 엄마!” 자식의 마지막 문자를 날마다 본다. 마음이 허물어져 내린다. 고통과 아픔의 바다는 출렁이고, 봄은 가고 다시 오는데 아이들의 목소리는 귓전에서 희미하게 맴돌 뿐이다.

전라남도 진도군 조도면 부근 해상에서 전복되어 침몰한 여객선 세월호에는 안산시의 단원고등학교 학생이 주요 탑승객이었다. 476명을 수용한 청해진해운 소속의 인천발 제주행 연안 여객선. 4월 16일 오전 8시 58분에 병풍도 북쪽 20km 인근에서 조난을 당했다. 2014년 4월 18일 304명의 희생자와 함께 세월호는 완전히 침몰하였다는 뉴스를 보면서 가슴이 무너져내렸다. 국민 모두는 제 가족인 듯 슬픔과 비통함으로 TV 앞을 떠나지 못하고 지켜보았다. 이제는 세월호의 아픔을 같이 아파하고 기억하는 것만으로도 큰 힘을 얻는다고 유가족은 말한다.

찬바람이 쌩쌩 부는 어느 날 전주 풍남문 기도 천막 농성장에서 단식기도회가 열리고 있었다. 단식은 못하더라도 세월호의 아픔에 함께하고자 서명하고 기도회에 참여했다. 기도 천막 안에 걸린 노란 플레카드는 "우리의 마음이 아직 작지만, 이 작은 마음들이 모여 언젠가는 더 큰 열매를 맺어 세월호 참사로 세상을 떠난 이들과 아파하는 유가족에게 힘이 되고, 대한민국이 안전한 사회가 될 수 있도록 할 것"이라면서 "그때까지 우리가 함께 마음을 모아서 걸어갈 수 있었으면 좋겠고, 그것이 바로 인간이라면 걸어가야 할 길"이라고 강조했다. 그리고 "고통 앞에 중립은 없다."는 프란치스코 교황의 발언과 함께, '천주교 정의구현 사제단'과 '천주교 전주교구 정의평화위원회'가 기도회를 주관한다는 것을 알리고 있다. 세월호 사안을 두고 함께 움직이고 있는 것이다. 천막 농성장에서 작은 마음들이 모여 언젠가는 더 큰 열매를 맺어 세월호 참사로 세상을 떠난 이들과 아파하는 유족에게 힘이 되고 한국사회가 안전한 사회로 나갈 수 있도록 힘을 모아야 할 때라고 마음을 모았다.

바다의 별, 하늘의 별이 된 영혼들은 이제는 살아 있는 세상을 향해 위로의 말을 건넨다. 고귀한 생명들 미처 피지도 못한 채 떨어진 꽃봉오리는 하늘로 올라가 별이 되었다. 어찌 남의 일로 여기겠는가. 오늘도 어스름 저녁이 되니 서녘 하늘에 별이 반짝인다. 금방이라도 쏟아져내릴 것 같은 저 별은 뉘 별이고 이 별은 뉘 별인가. 별들이 반짝이는 그 옆에 초승달이 청초하게 떠 있다. 시선이 별을 따라간다. 눈시울이 뜨겁다.

금 햇볕

가을바람과 함께 내리쬐는 햇볕을 금 햇볕이라 한다. 가을을 알리는 서늘바람도 어제 다르고 오늘 다르다. 올해는 폭우와 폭염이 유난히도 길었다. 상큼한 바람을 맞으며 거리로 나선다. 따가운 햇볕도 싫지 않지만 그늘진 길을 걷다 보면 감탄사가 절로 나온다. 맛난 간식을 먹은 것처럼 기분이 좋아진다. 낮에는 뜨겁고 아침저녁은 서늘하여 벼가 알차게 여물고 과일들이 과육을 살찌우고 익어 가는 데 안성맞춤이다. 맑은 하늘 아래에서 풀벌레의 노랫소리가 높아지면 가을임을 알리는 빨간 홍로 사과가 나온다. 어느덧 시장에 사과가 가득 쌓여 사람들의 시선을 끌고 입맛을 다시게 한다. 올해는 사과가 풍년이다. 깨끗이 씻어 껍질째 한입 베어 무니 신물이 전신으로 번진다. "그래. 이 맛이야! 가을은 새콤달콤 햇사과 맛이지!" 금빛 햇살은 배 밭의 탱탱한 푸른 배도 노란 황금배로 물들인다. 추석에 나오는 원황배다.

원황배는 찬 서리를 맞은 배의 맛을 따라갈 수는 없지만 추석 차례상에 올릴 수 있으며 아삭아삭하고 달콤하다. 여름 내내 지루한 장마에 뚝뚝 떨어지기만 하던 감들도 노랗게 익을 채비를 서두르고 바람만 불면 흔들리던 대추도 알알이 영글어가고 있다. 모든 식물들은 금 햇볕과 가을 바람으로 풍만한 결실을 맺고 있다. 따사로운 가을 햇볕이 참 좋다. 뼛속까지 태양의 에너지가 전달되는 느낌이다. 햇볕이 따갑다고 태양을 등지던 때가 엊그제인데 어느덧 가을 햇살과 친해지고 싶어진다. 빨갛게 널린 고추도 금 햇살을 받아 말간 속살까지 비친다. 노란 씨가 부끄럼도 없이 드러난다. 금 햇볕 아래서는 모든 것들이 긴장을 푸는 것일까.

들녘 한낮의 뜨거운 볕도 금 햇볕이다. 푸른 들녘을 겸

손과 풍요의 황금 들판으로 만들었다. 황금으로 일렁이는 나락은 노란 빛깔을 흔들고, 금 햇볕은 농부의 굽은 허리를 부축하며 축복의 박수를 보내고 있다. 일손이 모자란 농촌에서는 가을이 오면 부지깽이도 바빠진다고 한다. 농로를 따라 경운기는 요란한 소리를 내며 추수를 시작한다. 황금으로 물든 들판에 코스모스는 아름다운 향기로 가을을 수놓고 있다.

금 햇볕이 내리쬐면 고추잠자리가 힘차게 날아다닌다. 하늘하늘 핀 코스모스 사이를 만지면 바스라질 듯 여린 날개로 곡예를 하듯 떼로 날아오른다. 날개에 닿은 꽃잎 얼굴이 금빛 해를 받아 더욱 붉어진다.

맑고 푸른 하늘에 하얀 구름이 두둥실 떠 있다. 금빛 찬란한 가을 햇살 아래 보랏빛 구절초가 꽃봉오리를 터트린다. 가을의 대명사 구절초가 가을바람에 흔들리다 곧 만개할 것이다. 구절초가 그리워지면 옥정호에 간다. 온 산에 눈이 내린 듯 구절초가 지천이다. 어쩌면 저리도 아름답게 피어나는가. 꽃을 피우기 위해 가을로 넘어가는 햇살은 그리도 따가웠던가. 찬란한 가을이 익어가고 있다.

우아하게 나이 먹기

삼월이 되자 봄꽃들이 피어나기 시삭한다. 둑길에서 아래를 내려다보면 희끗희끗 하얀 점들이 눈에 띈다. 봄까치꽃이다. 추위를 뚫고 검불 위로 올라와 피고 있다. 엊그제 내린 봄비가 대지에 숨을 불어넣어 생명을 일깨우고 있다.

그동안 건강이 좋지 않아 울적한 기분이 들 때면 햇살이 눈부신 대지를 바라보며 둑길을 자박자박 많이 걸었다. 육십령 고갯마루에서 칠십령 고개로 넘어온 길이 무척도 험난하고 고달팠다. 길을 잘못 들어 되돌아갈 때도 있었고, 구불구불 가도 가도 끝이 안 보이는 안개 속 같은 길을 걸을 때도 있었다.

칠십령 고개에 성큼 들어서니 안개가 걷히고 길이 나타나는 것이었다. 아! 몸은 쇠약의 길로 들어섰지만 마음은 청춘의 길을 달리고 있다. 지난여름 좀더 쾌적한 환경에서 살고자 살고 있는 아파트를 리모델링했다. 어디 그뿐인가. 몸도 마음도 개선하고자 치아도 임플란트를 단행했고, 더 밝은 세상에서 환하게 살고 싶은 마음에 백내장 수술까지 감행했다. 백내장은 몇 해 전부터 수술할 때가 되었다고 했는데 미루다가 이번에 감행하였다. 그러나 기대와는 달리 눈의 회복이 더뎌 매사에 자신감이 떨어지고 있었다. 수술 직후는 시력이 좋았는데 점점 시야에 뿌연 안개가 잔뜩 낀 것 같아 겁도 나고 무서웠다. 눈을 감아보면 깜깜했다. 이렇게 어두운 것보다는 뿌옇게라도 보이는 것이 다행이다 스스로 위로할 수밖에 없었다. 수술을 집도한 의사는 차츰 좋아지니 마음 편하게 기다리라는 말뿐이었다. 오! 하느님 제가 교만했습니까. 자비를 베풀어주소서!

어두움만 계속 있으리라는 법은 없나 보다. 거실에서 30

년 동안 동거해 온 행운목이 꽃대가 실하게 올라오고 있었다. 키도 그리 크지 않고 실내에서 기른 것이라서 꽃 같은 것은 기대하지 않았는데 뜻밖이었다. 꽃을 만나고 내 마음이 두둥실 뜨면서 무언가 좋은 일이 있으리라는 기대감에 부풀었다. 행운목이 꽃을 피워 우리 집 안에 기쁨을 가져다주고 심란했던 내 마음이 건강해지고 있음을 직감했다. 나는 감사한 마음으로 안정을 찾았다.

칠십이란 나이가 허망한 것이 아니라 스스로 평안의 길, 둑길처럼 평평한 길을 찾아 꾸준히 걸을 수 있도록 이정표가 되어주고 있다는 것을 깨닫게 해주고 있다. 듬직한 배우자의 기도와 보살핌으로 건강도 차츰 좋아지고 있다. 아직은 하루도 보살핌 없이는 지내기가 어려워 고맙고 감사해서 마음이 아리다. 딸과 아들은 타지에서 안정된 삶을 유지하며 자손의 재롱도 보게 해주니 더 무엇을 바라겠는가. 딸은 예쁜 딸을 낳고, 아들은 새해에 떡두꺼비 같은 아들을 안겨주어 감격의 눈물을 흘리며 안아 보았다. 주님의 축복이요, 집안의 경사다. 건강하게 키우고 좋은 부모 되기를 축원하며 감사의 기도를 드린다. 이 나이에 무엇이 서운하고 욕심을 더 부리겠는가. 우아하고 슬기롭게 나이를 먹으며 지혜로운 삶으로 익어가기를 소원한다.

다행스럽게도 운전을 할 수 있어 활동하는 데 큰 도움이 되고 있다. 내 자동차가 있다는 것은 커다란 위안이다. 차 이름을 '당나귀'라고 지었다. 당나귀는 어쩌면 그렇게 내 마음을 잘 알아 내가 가고자 하는 곳은 한 치의 망설임도 없이 앞장서서 데리고 다닌다. 무더위와 추위가 기승을 부릴 때는 더욱 의지하게 된다. 앞으로 얼마만큼 내가 사회활동을 할 수 있을지 모르지만 당나귀와의 동행은 내 삶의 원동력이다. 아름다운 이야기할머니 봉사도 여러 해 동안 최선을 다했으며 유치원 아이들한테서 활기찬 에너지를 받고 있다. 당나귀 덕분이다.

몸도 마음도 성숙해지는 계절의 오후였다. '행촌수필문학상' 대상자로 선정되었다는 가슴 벅찬 소식을 받았다. 내가 문학상 수상자가 되다니 감사한 마음 이를 데 없다. 문학의 길을 포기하지 않고 십 년 세월 꾸준히 걸어오길 참 잘했다.

12월에 진행되어야 할 시상식은 코로나19 사태로 해를 넘겨 2월 19일에 이루어졌다. 그날은 내가 주인공인 날이다. 누구나 한 번쯤은 무대의 주인공이 되는 때가 있다는

데 내가 바로 주인공이 되었다. 많은 선후배 원로문인들, 심사위원님의 축하를 받으며 배우자와 나란히 서서 '행촌수필문학상'을 받았다. 당선 소감을 말하는데 약간 긴장되고 지난날 글이 안 써져 애태웠던 날들이 떠올라 울컥하기까지 하였다.

내가 어쩌다가 문학의 길에 들어섰던가. 그 길은 외롭고 쓸쓸한 오솔길 같았는데 칠십령 고개에 들어서니 비로소 길이 보이는 듯하다. 이제 남은 삶은 생의 끝자락 부여잡고 곱게 순리에 따라 우아하게 나이 들어가야 할 일이다. 고개를 들어 돌아다보니 모두가 주님의 은총이며 사랑이었다.

평온한 숲의 풍경
먼길 떠나는 삶의 여정에서 구름처럼 쉬어가리라.

'21 신재철

노을을 마음으로 보는 것은 삶의 선물이다.
그리움을 삭이는 황홀한 하늘은 강물처럼 흐르네

21, 신재철

아! 가을인가요.
햇살과 바람앞에서 가을을 사랑하게 하소서!

21
신재철

이금영 수필집

익어간다는 것은

인쇄 2021년 11월 5일
발행 2021년 11월 12일

지은이 이금영
발행인 서정환
발행처 신아출판사
주소 전라북도 전주시 완산구 공북1길 16
전화 (063) 275-4000, 252-5633
팩스 (063) 274-3131
이메일 sina321@hanmail.net
출판등록 제465-1984-000004호
인쇄·제본 신아출판사

※이 책의 일부는 전라북도 문화관광재단 문예기금으로 발행하였습니다.

ISBN 979-11-5933-374-3 03810
값 13,000원

Printed in KOREA